Tratado Político

Dados Internacionais de Catalogação na Publicação (CIP)
(Câmara Brasileira do Livro, SP, Brasil)

Spinoza, Benedictus de, 1632-1677.
  Tratado político, Benedictus de Spinoza; tradução Norberto de Paula Lima. — São Paulo: Ícone, 1994.

ISBN 85-274-0306-4

1. Filosofia holandesa 2. Politica I. Título.

94-2444   CDD-320.01

Índices para catálogo sistemático:

1. Filosofia política   320.01

Spinoza

Tratado Político

2ª edição

Tradução
Norberto de Paula Lima

© Copyright 2005.
Ícone Editora Ltda.

Coleção Fundamentos de Direito

Coordenação Técnica
Carlos E. Rodrigues
Márcio Pugliesi

Produção
Anízio de Oliveira

Revisão
Adalberto de Oliveira Couto

Proibida a reprodução total ou parcial desta obra,
de qualquer forma ou meio eletrônico, mecânico,
inclusive através de processos xerográficos,
sem permissão expressa do editor
(Lei nº 9.610/98).

Todos os direitos reservados pela
ÍCONE EDITORA LTDA.
Rua Lopes de Oliveira, 138 – 01152-010
Barra Funda – São Paulo – SP
Tel./Fax.: (11) 3666-3095
www.iconelivraria.com.br
e-mail: iconevendas@yahoo.com.br
editora@editoraicone.com.br

ÍNDICE

Prefácio 7
Notícia Biográfica 9
O Método de Spinoza 13
Capítulo I 23
Capítulo II 29
Capítulo III 41
Capítulo IV 51
Capítulo V 57
Capítulo VI 61
Capítulo VII 77
Capítulo VIII 99
Capítulo IX 131
Capítulo X 141
Capítulo XI 149

PREFÁCIO

A obra de Baruch Spinoza tem recebido um tratamento tão controvertido como tem sido historiada sua própria vida. Alguns autores, imbuídos daquela facilidade classificatória simplista que transforma o incomodamente crítico no comodamente classificado, chegam a atribuir ao trabalho deste filósofo um caráter meramente panteísta, outros vêem-no como mero continuador (tendencioso) do trabalho de Descartes, quando, em verdade, elimina o caráter teísta da fundamentação cartesiana da ética ao propor sua própria ética. Mas, nossa proposta é expor, de modo muito elementar, a estrutura de seu método e apresentar algumas indicações biográficas para situá-lo em seu mundo.

1. NOTÍCIA BIOGRÁFICA

Baruch (Benedito) Spinoza (1632-1677), filho de mercadores judeu-portugueses, nasceu na Holanda e foi educado na escola rabínica sob a direção do célebre talmudista Morteira, a fim de tornar-se rabino. Entretanto, o estudo da Mishná, do Talmud e de outros textos de glosadores judaicos não lhe proporcionou o desejado conhecimento de Deus e, quando recorreu à doutrina mística judaica da Idade Média, a Cabala, ainda assim não encontrando o fundamento que o satisfizesse, passou a interessar-se, ainda mais, pelos grandes nomes da Filosofia Moderna e pelas conquistas da ciência do período. Através de Francisco van den Ende, médico que seria, pouco depois, expulso da Holanda por ser um livre-pensador, travou contato com o latim e com cristãos como o médico Ludovico Meyer, entusiasta do cartesianismo, e com autores como Bacon, Descartes e Hobbes. O efeito das discussões com aquele círculo de pessoas e a leitura das obras destes pensadores fizeram com que Spinoza se afastasse da sinagoga e ensejasse um escrutínio de suas opiniões. Constatada a sua defecção, foi-lhe oferecida uma pensão anual em troca de uma submissão aparente e da manutenção de silêncio. Quando se aperceberam de que pouco importava a Spinoza este tipo de compromisso, excomungaram-no. Repudiado pelo seu próprio povo e sem grandes impulsos gregários, passou a viver numa espécie de solidão, análoga àquela de Descartes, e retirou-se inicialmente em Rhinsburg, depois Vorburg e finalmente em La Haya, onde viria a falecer (pobre e, ainda, perseguido).

Para garantir uma absoluta independência, recusava as ofertas de auxílio de seus amigos e trabalhava no polimento de lentes ópticas. E era considerado excelente neste mister.

De seu retiro e completa paz de espírito, nem mesmo a tentação de um convite para ocupar uma cátedra em Heidelberg conseguiu retirá-lo. O eleitor palatino, Carlos Ludovico, prometeu-lhe completa liberdade de ensino, mas não logrou convencê-lo.

Spinoza publicou uma exposição da filosofia cartesiana (*Cogitata Metaphysica ou Renati Descartes principiorum Philosophiae pars prima et secunda more geometrico demonstratae*, 1663) que foi a única a sair sob seu nome enquanto vivo. Sete anos depois publicou anonimamente e escamoteando editor e tipografia seu *Tractatus Theologico-politicus* (H.Kunrath ed., Hamburgo, 1670). Parece que, durante um certo período, considerou a possibilidade de publicar sua ética, mas a reação tanto dos rabinos, quanto dos padres católicos, ou dos cartesianos das universidades da Holanda, buscando, todos, a obtenção de interditos proibitórios à obra ainda não publicada, terminaram por demovê-lo deste intento.

A 21 de fevereiro de 1677, faleceu em decorrência de tuberculose, sendo publicada, neste mesmo ano, uma coletânea de seus escritos sob o título B.D. *Opera posthuma*, Amsterdã, incluindo a *Ethica more geometrico demonstrata (Ética);* a obra que prefaciamos; *Tractatus de intellectus emendatione (Tratado da Reforma do Entendimento); Compêndio de Gramática Hebraica* e *Seleção de Cartas.* O apetite voraz de seus críticos afastou, contudo, o merecido interesse por sua obra, e apenas graças aos esforços de homens como Lessing, Goethe, Fichte, Schelling e

Schleiermacher, cerca de um século depois de sua morte, foi recuperado o trabalho do filósofo para efeito de uma apreciação mais equilibrada e despreconceituosa.

Apenas como referência: o homem cujo mobiliário foi vendido para custear as despesas do próprio funeral, tem erigido desde 1880, em sua honra, um monumento em La Haya e, contemporaneamente, sua obra é vista como um dos marcos da Filosofia ocidental.

2. O MÉTODO DE SPINOZA

Há indiscutível relação entre as doutrinas de Spinoza e de Descartes, mas seria anacrônico supor que Malebranche ou os ocasionalistas tenham podido exercer qualquer influência sobre o autor do *Tratado Político*, posto que sua *Ética* (1661) já havia sido concluída quando surgiram os primeiros escritos de Gelineux (1662) e de Malebranche (1675). É inegável a influência dos grandes teólogos israelitas Mosheh Maimônides, Gersonide e Hasdai Crescas. Comenta-se a possibilidade de ter-se informado sobre o pensamento de Giordano Bruno, o que parece correto. No entanto, não podemos esquecer da ciência de sua época e da expressiva contenda destinada a separá-la da religião — este, o *leitmotiv* subjacente à obra de Spinoza. Além disso, a Geometria, como modelo de rigor e certeza, tem nítida presença na formulação de sua doutrina.

Assim, no sistema spinoziano, o mundo é visto como um problema de geometria — tudo decorre do primeiro princípio ou fundamento do Universo, tão necessariamente quanto as proposições da geometria decorrem de seus pressupostos lógicos (axiomas, postulados, teoremas prévios). As conseqüências não são meros efeitos temporários — são tão eternas quanto o princípio; as coisas decorrem da primeira causa eternamente e não evolucionariamente (no tempo). Aliás, o tempo é mera forma de pensamento (*modus cogitandi*), não há antes ou depois, apenas eternidade: convém notar que isto é coerente com a identificação entre realidade e racionalidade. Pensamento e ser são idênticos. Do mesmo modo como uma proposição ou é princípio ou conseqüência de alguma outra proposição num sistema matemático, tudo é o efeito de algo na natureza: o todo é um sistema inter-relacionado em que cada membro tem seu lugar determinado.

Para indicar, ainda que de modo sumário, o método de Spinoza, convém recorrer à sua *Ética*. Nessa obra, dividida em cinco partes (I.De Deus, II.Da natureza e origem da alma; III.Da natureza e origem das afecções; IV. Da servidão humana ou da força das afecções; e V. Do poder do entendimento ou da liberdade humana), encontramos como ponto de partida o conceito de substância: "O que é em si e se concebe por si, isto é, aquilo cujo conceito não tem necessidade do conceito de uma outra coisa, do qual deva ser formado". (Ethica, I,3 — *"Per substantiam intelligo id quod in se est et per se concipitur: hoc est id, cujus conceptus non indiget conceptu alterius rei, a quo formari debeat"*) Desta concepção extraem-se outras: se é absolutamente independente deve ser infinita; é única em tudo, senão seria limitada por outras e não poderia ser independente; também precisa ser *causa sui*, caso contrário dependeria de sua causadora. Ademais, precisa ser autodeterminada, decorrendo suas qualidade e ações de sua própria natureza. Nem individualidade ou personalidade podem lhe ser atribuídas, posto implicarem limitação ou determinação. Como toda determinação constitui negação, nem inteligência ou vontade podem pertencer à substância e, em conseqüência, não deve pensar ou planejar ou decidir — a teleologia é completamente estranha à sua natureza. Este princípio necessário, eterno, singular e incausado, este princípio imanente do universo é chamado Deus ou Natureza.

Pode-se, agora, falar de atributos da realidade universal. Entende o autor da *Ética*, por atributo: aquilo que o entendimento percebe de uma substância como constituindo sua essência (Ethica, I,4 — *"Per attributum intelligo id quod intellectus de substantia percipit, tanquam ejusdem essentiam constituens."*). São os atributos absolutamente independentes uns dos outros e não exercem influência recíproca; assim, por exemplo, não podem ser explicados os fenômenos mentais pelos materiais e reciprocamente. O mundo do pensamento e aquele do movimento são manifestações da única e mesma realidade, mas têm *status* próprio, nenhum é efeito ou causa do outro, ambos fluem do mesmo princípio, ambos são efeitos de mesma causa.

Os atributos, por sua vez, surgem em modos específicos. Spinoza define os modos como: as afecções de uma substância, ou por outra, o que existe em outra coisa, mediante a qual também é concebido."(Ethica,I,5 *"Per modum intelligo substantiae affectiones sive id quod in alio est, per quod concipitur"*). Isto significa: o modo é sempre a modificação de alguma coisa — só pode ser concebido como o modo de alguma coisa. Num determinado sentido os modos são infinitos e necessários, em outro são finitos e temporais. Assim, por exemplo, as espécies são necessárias e eternas, os indivíduos perecem. A totalidade da Natureza permanece a mesma — embora suas partes experimentem contínua mudança. Os objetos e mentes particulares não constituem efeitos diretos da substância de Deus — cada coisa finita tem sua causa eficiente em outra coisa finita. Os corpos particulares formam uma cadeia de membros interconexos e o mesmo se dá com as idéias particulares, mediante um estrito nexo causal. Nenhum pensamento ou corpo pode existir sem a subjacente realidade permanente à qual pertencem todas as coisas, de que são estados.

A doutrina dos modos decorre do seguinte raciocínio: não é possível deduzir os modos particulares da noção de Natureza; assim, não têm verdadeira realidade, não são essenciais. Entretanto, as classes (espécies, gêneros etc.) a que pertencem devem ser eternas. Em outras palavras, sendo Spinoza influenciado pelo método geométrico, sustenta que as coisas decorrem eternamente do primeiro princípio (o que torna a mudança impossível), mas a experiência convence-o de que as transformações ocorrem — superando o impasse: há modos necessários (ligados à substância) e modos contingentes (ligados às coisas). Há apenas uma substância que tem processos físicos ou mentais, independentes e não interativos entre si. Uma mesma coisa pode, contudo, ser expressa pelos dois processos: idéias ou estados mentais correspondem a processos físicos. Não há influência de um modo sobre o outro, apenas correspondência, isto é, há processos de uma e mesma coisa expressos de duas distintas maneiras.

Todas as coisas são modos ou formas da matéria e modos ou formas da alma: todos os corpos são animados e todas as almas têm corpos: onde há corpo, há processos anímicos ou mentais; onde há processos mentais, há corpo. A ordem e a conexão das idéias é a mesma daquelas das coisas. A ordem e a conexão das ações e paixões do corpo coincide com a ordem e conexão das paixões da alma. Cada coisa é *idea et ideatum*, corpo e mente. Todas as idéias ou pensamentos no universo formam um sistema unificado correspondente ao sistema natural. Cada alma é parte de um intelecto infinito, composto por um número infinito de almas e idéias e que é um modo eterno do pensamento de Deus. Se assim é, e se a ordem física é causal, a mental também o deve ser. Nenhuma mudança pode ocorrer no corpo sem a produção de um estado mental correspondente. Do mesmo modo, a mente apreende as transformações da natureza, porque o corpo é afetado por outros corpos. Tal conhecimento não é claro e distinto, é confuso — apenas quando interiormente gestado são as coisas clara e distintamente contempladas.

As idéias obscuras e inadequadas têm sua origem na imaginação, dependem da percepção sensorial que decorre das modificações dos corpos. As idéias claras e distintas decorrem da contemplação racional, do conhecimento das conexões necessárias, da concepção das coisas sob a forma da eternidade, da compreensão da essência universal das coisas nas qualidades particulares que tais coisas têm em comum com todas as coisas. Tal conhecimento é autoevidente e comporta o critério de verdade em si mesmo, isto é, "Quem tem uma idéia verdadeira sabe, ao mesmo tempo, que tem uma idéia verdadeira e não pode duvidar da verdade de seu conhecimento" (*Ethica*, Proposição XLIII). Há, ademais, o conhecimento intuitivo que deriva de uma idéia adequada da essência objetiva de certos atributos de Deus para a adequada essência das coisas. O conhecimento intuitivo, assim como o racional, alcança a unidade dos fenômenos, dispensa a interveniência da imaginação e capacita a distinguir entre verdade e erro. A propósito, o erro é concebido por Spinoza como mera falta de conhecimento. Nenhuma idéia é verdadeira ou falsa, o que torna uma idéia verdadeira ou falsa é a assunção da presença de um objeto quando este está ausente. Temos idéias inadequadas porque somos partes de um ser pensante, alguns de seus pensamentos estão inteiramente em nós, outros apenas parcialmente.

Ao afirmar, a alma, que uma idéia é verdadeira ou falsa, passa a chamar-se vontade. Inteligência e vontade são idênticas e, segundo os estágios do intelecto (sensação ou imaginação e razão), temos diferentes estágios de vontade: paixões e vontade racional. As paixões são idéias confusas e inadequadas que correspondem a estados fisiológicos, o lado passivo da mente humana. Quanto mais confuso o conhecimento tanto mais é imperioso o domínio das paixões; quanto mais o homem compreende o Universo em todas as suas relações, tanto mais livre se torna. O *amor Dei*, o amor intelectual a Deus, como conseqüência do conhecimento das verdadeiras causas das coisas, representa o amor de Deus por si mesmo, posto ser o homem um dos modos de Deus. Como conseqüência, o maior benefício para a alma e a sua maior virtude consistem no conhecimento de Deus. Dada esta premissa ética, o objetivo só pode ser alcançado através da Filosofia. O ponto de partida é egoístico: todo ser empenha-se em preservar-se e tal empenho é virtude (que é poder). A natureza nada solicita contra si mesma, assim pede que cada qual ame a si mesmo (enquanto modo de Deus), a sua utilidade e tudo que o conduza a uma ulterior perfeição. Enquanto modo de Deus, cada qual tem o direito de ser útil a si mesmo e para tanto servir-se de qualquer meio (força, estratégia ou súplica). A ação virtuosa é ação racional e só acontece quando a alma tem idéias adequadas: cada homem deve descobrir o que é verdadeiramente útil para sua alma e a razão deverá indicar-lhe que apenas os meios para conhecimento possuem utilidade para tanto. O que é mais útil consiste no aperfeiçoamento da razão e isto implica entender Deus, seus atributos e as ações decorrentes da necessidade de sua natureza.

Isoladamente, assim está posto o problema; há de se considerar o conjunto de homens que, tendo em vista a existência de uma vontade racional, devem desejar para si, em conjunto, o mesmo que buscam individualmente.

Em estado de natureza cada homem tem o direito de fazer o que quiser — o poder faz o direito. Mas o conflito pode surgir em tal situação: o homem exagera seus direitos naturais e é preciso que os homens renunciem a tais direitos naturais a fim de que todos vivam em paz. Isto acontece no

Estado, com a limitação dos direitos naturais e caprichos do indivíduo em prol do bem-estar geral. Apenas na sociedade organizada têm sentido os termos: justiça e injustiça, mérito e culpa etc.

Deste ponto de partida, pode-se começar a apreciar o livro que sucede a esta despretensiosa apresentação, de um modo, esperamos, mais proveitoso.

São Paulo, abril de 1992.

Márcio Pugliesi

TRATADO POLÍTICO

Onde se demonstra como devem ser instituídas uma sociedade em que existe o regime monárquico e também uma sociedade em que os melhores têm o poder, para não serem precipitadas na tirania e para que a paz e a liberdade dos cidadãos permaneçam invioladas.

CAPÍTULO I

§ 1 — Os filósofos concebem as emoções que se combatem entre si, em nós, como vícios em que os homens caem por erro próprio; é por isso que se habituaram a ridicularizá-los, deplorá-los, reprová-los ou, quando querem parecer mais morais, detestá-los. Julgam assim agir divinamente e elevar-se ao pedestal da sabedoria, prodigalizando toda a espécie de louvores a uma natureza humana que existe em parte alguma e atacando através dos seus discursos a que realmente existe. Concebem os homens, efetivamente, não tais como são, mas como eles próprios gostariam que fossem. Daí, por conseqüência, que quase todos, em vez de uma ética, tenham escrito uma Sátira, e não tenham relativamente à Política concepções que possam ser postas em prática, devendo a Política, tal como a concebem, ser tomada por quimera, ou pertencente ao domínio da utopia ou da Idade do Ouro, ou seja, a um tempo em que nenhuma instituição era necessária. Assim, entre todas as ciências que têm uma aplicação, é a Política o campo em que a teoria passa por diferir mais da prática, e não há homens que se pense menos adequados para governar o Estado do que os teóricos, isto é, os filósofos.

§ 2 — No concernente aos políticos, por outro lado, julga-se que estão mais empenhados em preparar armadilhas aos homens do que em dirigi-los pelo melhor, e pensa-se serem mais hábeis do que prudentes. A prática reiterada ensinou-lhes, efetivamente, que sempre haverá vícios enquanto houver homens; preocupam-se, portanto, em evitar a maldade humana, através de meios cuja longa experiência demonstrou a eficácia, e que homens mais movidos pelo medo que guiados pela razão têm o costume de utilizar. E agindo, em tudo isto, de uma forma que parece contrária à religião, principalmente aos teólogos: posto que, para estes últimos, o soberano deveria conduzir os negócios públicos consoante as regras morais que o particular deve observar. Não há dúvida, todavia, que os políticos não tratam, nos seus escritos, da Política com mais êxito do que os filósofos: tendo tido a experiência por mestra, nada ensinaram, na realidade, que fosse inaplicável.

§ 3 — E, com certeza, estou persuadido de que a experiência mostrou todos os gêneros de Civitas[1] que se podem conceber e onde os homens vivem em paz, ao mesmo tempo que deu a conhecer os meios através dos quais se deve dirigir a multidão, isto é, contê-la dentro de certos limites. De modo que não creio ser possível determinar pelo pensamento um regime que não tenha sido experimentado e que todavia possa, levado à prova ou à prática, deixar de falhar. Na verdade, os homens são feitos de tal maneira que não podem viver sem uma lei comum. Ora, as regras comuns e os negócios públicos foram objeto de estudo de homens de espírito muito penetrante, hábeis ou astutos, que estabeleceram as instituições e delas trataram. Não é, portanto, crível que nós concebamos jamais qualquer processo de governo que possa ser utilizado numa sociedade e de que alguns homens, que se ocupam com os negócios comuns e se preocupam com a sua própria segurança, não se tenham apercebido.

---

[1] Preferimos conservar a palavra *Civitas*, sem vertê-la, a fim de manter sua possibilidade polissêmica: cidade, pátria, forma de governo, Estado etc. (NT)

§ 4 — Objetivando a Política, não quis, por conseqüência, aprovar fosse o que fosse de novo ou desconhecido, mas apenas estabelecer, através de razões certas e indubitáveis, o que melhor concorde com a prática. Em outras palavras, no deduzir do estudo da natureza humana, e para contribuir para esse estudo com a mesma liberdade de espírito que é habitual contribuir para as investigações matemáticas, tive todo o cuidado em não ridicularizar as ações dos homens, não as lamentar, não as detestar, mas adquirir delas vero conhecimento. Ponderei também as emoções humanas, tais como o amor, o ódio, a cólera, a inveja, a soberba, a piedade e outras inclinações da alma, não como vícios, mas como propriedades da natureza humana: maneiras de ser que lhe pertencem tais como o calor e o frio, a tempestade, a trovoada e todos os meteoros pertencentes à natureza atmosférica.

Seja qual for a perturbação que possam ser para nós tais intempéries, elas são necessárias, pois têm causas determinadas cuja natureza nos preocupamos em conhecer, e quando a alma possui o verdadeiro conhecimento destas coisas, usufrui dele assim como do conhecimento daquilo que dá prazer aos nossos sentidos.

§ 5 — É certo, e o demonstramos em nossa Ética, que os homens estão necessariamente submetidos a emoções; são de tal modo que experimentam piedade em relação aos infelizes, inveja aos que possuem felicidade; que são mais levados à vingança do que à piedade. Ademais, cada qual deseja que os outros vivam conforme sua própria compleição, aprovem o que aprova, e rejeitem o que rejeita. Resultando que, querendo todos ser os primeiros, surjam conflitos entre eles, procurem esmagar-se uns aos outros, e que o vencedor se glorie mais por ter triunfado sobre seu rival do que por haver obtido qualquer vantagem para si mesmo. E, sem dúvida, todos estão persuadidos de que, pelo contrário, seguindo os ensinamentos da religião, cada um deve amar o próximo como a si mesmo, isto é, defender como sendo seu o direito de outrem; mas nós já mostramos como essa persuasão tem pouco poder sobre as emoções. Triunfa, na verdade, quando se está perante a morte, quer dizer, a doença venceu as paixões e o homem jaz inerte, ou ainda nos templos onde os homens não têm interesses a defender; mas não possui eficácia diante dos tribunais ou na Corte, onde seria mais necessário que a houvesse. Mostramos, por outro lado, que a razão pode bem conter e governar as emoções, mas vimos, ao mesmo tempo, que o caminho ensinado pela razão é muito árduo; aqueles que, por isso, se persuadem ser possível levar a turba, ou os homens ocupados com negócios públicos, a viver segundo os preceitos da razão, sonham com a Idade do Ouro dos poetas, isto é, deleitam-se com a ficção.

§ 6 — Um Estado cuja salvação depende da lealdade de algumas pessoas e cujos negócios, para serem bem dirigidos, exigem que aqueles que os conduzem queiram agir lealmente, não terá qualquer estabilidade. Para poder subsistir será necessário ordenar as coisas de tal modo que os administradores do Estado, quer guiados pela razão ou movidos por uma paixão, não possam ser levados a agir de maneira desleal ou contrária ao interesse geral. Pouco importa, à segurança do Estado, o motivo interior que tenham os homens para bem administrar os negócios, se de fato os administrarem bem. Com efeito, a liberdade da alma, quer dizer, a coragem, é virtude privada; a virtude necessária ao Estado é a segurança.

§ 7 — Assim, finalmente, se todos os homens bárbaros ou cultivados estabelecem em toda a parte costumes e se dão um estatuto civil, não é dos ensinamentos da razão, mas da natureza dos homens, isto é, da sua condição, que se deve deduzir as causas e os fundamentos naturais dos poderes públicos, tal como o quero fazer no próximo capítulo.

CAPÍTULO II

§ 1 — Dissemos em nosso *Tratado Teológico-Político* sobre o direito natural e o direito civil, e em nossa *Ética* explicamos o que é o pecado, o mérito, a justiça, a injustiça e, finalmente, a liberdade humana. Para não obrigar, todavia, os leitores do presente tratado a procurar noutros trabalhos os princípios que são mais necessários neste, resolvi dar novamente tais explicações e acrescentar uma demonstração adequada.

§ 2 — Qualquer coisa natural pode ser adequadamente concebida, quer exista ou não. Contudo, o princípio em virtude do qual as coisas naturais existem e persistem em sua existência não se pode concluir da sua definição, pois a sua essência ideal permanece, depois de terem começado a existir, a mesma que antes de existirem. Portanto, uma vez que o princípio pelo qual existem não pode provir da sua essência, a manutenção da sua existência também dela não decorre; elas necessitam, para continuar a ser, do mesmo poder que era preciso para que começassem a existir. Daí, por conseqüência, o poder pelo qual as coisas na natureza existem e agem não pode ser outro senão o poder eterno de Deus. Se qualquer outro poder tivesse sido criado, não poderia, de fato, conservar-se a si próprio e, por conseguinte, também não poderia conservar as coisas naturais, mas teria necessidade, para permanecer na existência, do mesmo poder necessário para que fosse criado.

§ 3 — Sabendo, assim, que o poder pelo qual existem e agem os seres da natureza é o próprio poder de Deus, conhecemos facilmente o que é o direito natural.

Visto que, com efeito, Deus tem direito sobre todas as coisas e que o direito de Deus não é senão o próprio poder de Deus considerado na sua liberdade absoluta, todo o ser na natureza tem da natureza tanto direito quanto capacidade para existir e agir: a capacidade pela qual existe e age qualquer ser da natureza é apenas o próprio poder de Deus, cuja liberdade é absoluta.

§ 4 — Por direito natural, portanto, entendo as próprias leis ou regras da Natureza segundo as quais tudo acontece, isto é, o próprio poder da Natureza. Destarte, o direito natural da natureza inteira, e, em conseqüência, de cada indivíduo, estende-se até onde vai a sua capacidade, e portanto da sua própria natureza, fá-lo em virtude de um direito natural soberano, e tem sobre a Natureza tanto o direito quanto o poder.

§ 5 — Se, assim, a natureza humana estivesse disposta de tal modo que os homens vivessem seguindo unicamente as prescrições da razão, e se todo o seu esforço tendesse apenas para isso, o direito natural, enquanto se considerasse o que é próprio ao gênero humano, seria determinado tão-só pela capacidade da razão. Mas os homens são menos conduzidos pela razão do que pelo desejo cego, e, portanto, a capacidade natural dos homens, isto é, o seu direito natural, deve ser definido não pela razão mas por toda a vontade que os determina a agir e através da qual se esforçam por se conservar. Confesso, na verdade, que esses desejos não originados na razão, não são tanto ações como paixões humanas. Mas, tratando-se aqui do poder universal da natureza, que é a mesma coisa que o direito natural, não podemos reconhecer neste momento nenhuma diferença entre os desejos que a razão nos engendra e os que têm outra origem: uns e outros, de fato, são efeitos da natureza e manifestam a força natural pela qual o homem se esforça por perseverar no seu ser. Quer sábio ou insensato, o homem é sempre parte da natureza, e tudo aquilo através de que é determinado a agir deve ser relacionado com o poder da natureza, tal como este pode ser definido pela natureza deste ou daquele homem. Quer seja conduzido pela razão ou apenas pelo desejo, o homem, efetivamente, nada faz que não esteja conforme às leis e às regras da natureza, isto é (§ 4 deste capítulo), em virtude do direito natural.

§ 6 — Todavia, a maioria crê que os insensatos perturbam a ordem da natureza mais do que a seguem, e a maioria também concebe os homens na natureza como um império dentro de um império. Julgam, com efeito, que a alma humana, longe de ser produzida por causas naturais, é imediatamente criada por Deus, e independente do resto do mundo, a tal ponto que tem poder absoluto para se determinar a si mesma e para usar do direito da razão. Mas a experiência ensina mais que suficientemente que tanto está no nosso poder uma alma sã quanto um corpo são. Como, ademais, tudo quanto existe em si mesmo se esforça por conservar o seu ser, não podemos duvidar que, se estivesse no nosso poder tanto viver segundo as prescrições da razão quanto ser conduzidos pelo desejo cego, todos viveriam sob a conduta da razão e segundo regras sabiamente instituídas; ora, nada disso se dá, pois cada um, pelo contrário, obedece à atração do prazer que procura. Não é verdade que essa dificuldade seja eliminada pelos teólogos, quando declaram que a causa desta incapacidade da natureza humana é o vício ou o pecado que têm a sua origem na queda do primeiro homem. Se o primeiro homem tivesse tido o poder de permanecer reto tanto quanto o de tombar, se estivesse na posse de si mesmo e de uma natureza ainda não viciada, como poderia ter acontecido que, possuindo saber e prudência, tenha caído? Dir-se-á que foi ludibriado pelo diabo? Mas então quem ludibriou o próprio diabo? Quem, pergunto eu, pôde fazer com que um ser preponderante sobre todas as outras criaturas tenha sido suficientemente louco para querer ser maior que Deus? Este ser que tinha uma alma sã não se esforçaria por conservar o seu ser tal como o possuía? Como pôde acontecer, além disso, que o primeiro homem, na posse de si mesmo e senhor da sua vontade, se tenha deixado seduzir e ludibriar? Se tinha o poder de usar retamente da razão, não poderia ser ludibriado porque, tendo poder sobre si mesmo, esforçar-se-ia necessariamente por conservar o seu ser e a sua alma sãos. Ora, supõe-se que tinha esse poder. Portanto, conservou forçosamente a alma sã e não pôde ser ludibriado. Porém, a sua história mostra que não é assim. É preciso reconhecer, por conseqüência, que não estava no poder do primeiro homem usar retamente da razão, mas que ele estava, como nós o estamos, submetido às paixões.

§ 7 — Ninguém pode negar que o homem, como os outros indivíduos, se esforça por conservar o seu ser. Se se pudesse conceber algumas diferenças, deveriam provir de possuir o homem uma vontade livre. Mas, quanto mais o homem é concebido por nós como livre, mais somos obrigados a julgar que deve necessariamente conservar o seu ser e possuir-se a si mesmo; seja quem for que não confunda a liberdade com a contingência, conceder-me-á isto sem dificuldade. A liberdade, com efeito, é uma virtude, quer dizer, uma perfeição. Conseqüentemente, nada do que atesta impotência no homem se pode relacionar com a sua liberdade. Por conseguinte, o homem não pode de maneira alguma ser qualificado como livre, porque pode não existir ou porque pode não usar da razão; não o pode ser senão na medida em que tem o poder de existir e de agir segundo as leis da natureza humana. Portanto, quanto mais consideramos que um homem é livre, menos podemos dizer que ele não pode usar da razão e preferir o mal ao bem; e assim Deus, que é um ser absolutamente livre, conhece e age necessariamente, isto é, existe, conhece e age por uma necessidade da sua natureza. Não oferece dúvida que Deus aja com a mesma necessidade com que existe; do mesmo modo que existe em virtude de uma necessidade da sua própria natureza, age também em virtude de uma necessidade da sua própria natureza, quer dizer, com uma absoluta liberdade.

§ 8 — Concluímos, portanto, que não está no poder de cada homem usar sempre da razão e manter-se no cume da liberdade humana; e todavia cada um, sempre, esforça-se por conservar o seu ser tanto quanto está em si, e, dado que o direito de cada um tem por medida a sua potência, tudo por que se esforça e tudo o que faz, quer seja sábio ou insensato, fá-lo por um direito soberano de natureza. Donde se segue que o direito e a regra de natureza, sob os quais vivem a maior parte do tempo, nada impedem senão o que ninguém tem o desejo ou o poder de fazer: não são contrários nem às lutas, nem aos ódios, nem à cólera, nem ao dolo, nem absolutamente a nada que a vontade aconselha. Nada há de surpreendente nisto, pois a natureza de modo algum está submetida às leis da razão humana que tendem unicamente à verdadeira utilidade e à conservação dos homens. Ela compreende uma infinidade de outras que respeitam à ordem eterna, à natureza inteira, das quais o homem é uma parte. E é apenas pela necessidade desta ordem que todos os indivíduos estão determinados, de uma certa maneira, a existir e a agir. Portanto, tudo o que na natureza nos parece ridículo, absurdo ou mau, não tem essa aparência senão porque nós conhecemos as coisas somente em parte, e ignoramos na maior parte a ordem da natureza inteira e as ligações que há entre as coisas, de modo que queremos que tudo seja dirigido de uma forma conforme a nossa razão, e contudo o que a razão afirma ser mau não o é, se considerarmos a ordem e as leis do Universo, mas unicamente se atendermos somente às leis da nossa natureza.

§ 9 — Segue-se, do que precede, que cada qual está na dependência de um outro na medida em que está no poder desse outro, e que pode repudiar qualquer violência, castigar como julgar bem o dano que lhe é causado e, de uma maneira geral, viver segundo a sua própria compleição.

§ 10 — Esse é o que tem outro em seu poder, que o mantém aprisionado, ou ao qual tomou todas as armas, qualquer meio de defender e de escapar, ou a quem soube inspirar temor, ou que a si ligou por favores, de tal maneira que esse outro lhe queira agradar mais que a si mesmo, e viver segundo o desejo do seu senhor mais que viver consoante o seu próprio desejo. Mas o primeiro e o segundo meios de manter um homem em seu poder respeitam ao corpo e não à alma, enquanto que através do terceiro meio ou do quarto, apoderamo-nos do corpo e da alma, mas não os dominamos senão enquanto duram o temor e a esperança; se estes sentimentos vêm a desaparecer, aquele de que se era senhor torna-se o seu próprio senhor.

§ 11 — A faculdade de julgar pode estar submetida à vontade de um outro na medida em que a alma pode ser ludibriada por esse outro; donde se segue que a alma se possui a si mesma na medida em que pode usar retamente da razão. Mais ainda: como se deve medir a potência do homem menos pelo vigor do corpo que pela força da alma, possuem-se mais a si mesmos no mais alto grau aqueles em que domina a razão e mormente vivem sob a sua conduta. E assim chamo livre a um homem na medida em que vive sob a conduta da razão porque, nesta mesma medida, é determinado a agir por causas que podem ser adequadamente conhecidas unicamente através da sua natureza, ainda que essas causas o determinem necessariamente a agir. A liberdade, com efeito, como o mostramos (no § 7 deste capítulo), não suprime, mas, pelo contrário, coloca a necessidade da ação.

§ 12 — O compromisso tomado verbalmente em relação a alguém de fazer ou, pelo contrário, de não fazer tal ou tal coisa, quando se tem o poder de agir contrariamente à palavra dada, permanece em vigor enquanto a vontade daquele que prometeu não se altera. Com efeito, quem tem poder para romper os seus compromissos, de modo algum alienou os seus direitos, pois aqueles eram apenas verbais. Portanto, se aquele que é por direito de natureza seu próprio juiz, julgou reta ou erroneamente (errar é próprio do homem) que o compromisso tomado terá para si conseqüências mais nocivas do que úteis e se considera em sua alma que tem interesse em quebrar o compromisso, quebrá-lo-á por direito natural (§ 9 deste capítulo).

§ 13 — Se duas pessoas concordam entre si e unem as suas forças, terão mais poder conjuntamente e, conseqüentemente, um direito superior sobre a natureza que cada uma delas não possui sozinha e, quanto mais numerosos forem os homens que tenham posto as suas forças em comum, mais direito terão eles todos.

§ 14 — Na medida em que os homens sejam tomados pela cólera, pela inveja, ou por qualquer sentimento de ódio, eis que se opõem e contrariam mutuamente e se tornam tanto mais temíveis quanto é certo serem mais poderosos, e hábeis e astutos que os outros animais. Como atualmente os homens (tal como vimos no § 5 deste capítulo) estão muito sujeitos por natureza a estes sentimentos, são também por natureza inimigos uns dos outros; com efeito é meu maior inimigo aquele que para mim é mais temível e de quem mais devo defender-me.

§ 15 — Como (consoante o § 9 deste capítulo) no estado natural cada um é senhor de si próprio, enquanto pode defender-se de forma a não sofrer a opressão de outrem, e porque, individualmente, o esforço de autodefesa se torna ineficaz, sempre que o direito natural humano for determinado pelo poder de cada um, tal direito será na realidade inexistente, ou pelo menos só terá uma existência puramente teórica, porquanto não há nenhum meio seguro de o conservar. É também certo que cada um tem tanto menos poder e, por conseguinte, menos direito, quanto mais razões tem para temer. Acrescentamos que sem mútua cooperação os homens nunca poderão viver bem e cultivar a sua alma. Chegamos portanto à seguinte conclusão: o direito natural, no que respeita propriamente ao gênero humano, dificilmente se pode conceber, a não ser quando os homens têm direitos comuns, terras que podem habitar e cultivar em comum, quando podem vigiar a manutenção do seu poder, proteger-se, combater qualquer violência e viver segundo uma vontade comum. Efetivamente, quanto maior (§ 13 deste capítulo) for o número dos que, reunindo-se, tenham formado um corpo, tantos mais direitos usufruirão, também, em comum. E se os escolásticos, pela razão de os homens em estado natural não poderem ser senhores de si mesmos, quíserem chamar ao homem um animal sociável, nada tenho a objetar-lhes.

§ 16 — Quando os homens têm direitos comuns e são todos conduzidos como por um único pensamento, é certo (§ 13 deste capítulo) que cada um possui tanto menos direito quanto mais todos os outros reunidos o sobrelevem em poder, isto é: cada um não tem, na realidade, direito sobre a natureza, senão o que lhe confere a lei comum. Por outro lado (§ 4 deste capítulo), tem de fazer tudo o que lhe é imposto pela vontade comum, pois há o direito de obrigá-lo a tanto.

§ 17 — Há o costume de chamar poder público a este direito que define o poder do número, e possui absolutamente este poder quem, pela vontade geral, cuida de coisa pública, isto é, tem a tarefa de estabelecer, interpretar e revogar as leis, defender as cidades, decidir da guerra e da paz etc. Se esta tarefa compete a uma assembléia composta por todos os cidadãos, o poder público é chamado democracia. Se a assembléia se compõe de algumas pessoas escolhidas, tem-se a aristocracia, e se, enfim, o cuidado da coisa pública, e conseqüentemente o poder, pertence a um só, chama-se então monarquia.

§ 18 — Vê-se claramente pelo que acabamos de demonstrar neste capítulo que no estado natural não há a noção de pecado, ou então que, se alguém peca, é contra si mesmo e não contra outrem: ninguém, de fato, é obrigado a agradar a outrem por direito natural, a menos que o queira, e nenhuma coisa é boa ou má para a pessoa, senão aquilo que em virtude da sua própria compleição ela decida ser um bem ou um mal. Porque o direito natural interdita apenas o que não está no poder de ninguém (§§ 5 e 8 deste capítulo). Ora, o pecado é uma ação que, segundo o direito, não pode ser realizada. Se fosse da lei natural submeterem-se os homens à razão, todos a tomariam por guia, pois que as leis naturais são (§§ 2 e 3 deste capítulo) leis estabelecidas por Deus com a liberdade que pertence à sua existência e, por conseguinte, tais leis decorrem da necessidade da natureza divina (§ 7 deste capítulo). Porém, os homens cedem mais às suas apetências que à razão, e, apesar de tudo, isso não perturba a ordem da natureza, posto que se lhe submetem necessariamente; daqui que o insensato e o débil mental não são mais obrigados pelo direito natural a ordenar sabiamente a sua vida, do que o doente a ter um corpo são.

§ 19 — O pecado, portanto, só pode ser concebido num Estado, isto é, se decorre do exercício do direito de decidir o que é bom e o que é mau, que pertence à comunidade, e se ninguém (§ 16 deste capítulo) tem o direito de fazer seja o que for senão em virtude de um decreto ou consentimento comuns. O pecado, efetivamente (como dissemos no parágrafo precedente), consiste em fazer o que de acordo com a lei não pode ser feito, ou é por ela proibido. O consentimento na lei, em contrapartida, é uma vontade constante de fazer o que, segundo a lei, é o bem e deve ser feito de acordo com um decreto comum.

§ 20 — Temos, todavia, o costume de também chamar pecado ao que se faz contrariamente à injunção da sã razão, e obediência a uma vontade constante de regular as apetências segundo as prescrições da razão. Isto poderia ser aceito, se a liberdade humana consistisse na satisfação das apetências, e a servidão no governo da razão. Mas, dado que a liberdade humana é tanto maior quanto mais o homem vive sob a conduta da razão e melhor pode controlar os seus impulsos, não podemos, sem grande impropriedade, chamar obediência a uma vida controlada pela razão; e pecado ao que, na realidade, é fraqueza da alma, o que não significa desregramento contra si própria, o que melhor se designaria por escravatura que por liberdade (§§ 7 e 11 deste capítulo).

§ 21 — Todavia, como a razão ensina a praticar a moralidade, a viver na tranqüilidade e na paz interior, o que só é possível com a existência de um poder público, e como, por outro lado, não se pode conceber que as massas sejam conduzidas como por um só estatuto, tal como é requerido no Estado, se não existem leis estabelecidas de acordo com as prescrições da razão, não será abusivo chamar pecado ao que é contrário à injunção da razão, pois que as leis do Estado melhor ordenado (§ 18 deste capítulo) devem ser estabelecidas conforme a razão. Como já vimos (§ 18 deste capítulo), o homem no estado natural, se peca, peca contra si mesmo; ver-se-á no capítulo IV (§§ 4 e 5) em que sentido se pode dizer que, aquele que detém o poder público e dispõe do direito natural, pode, segundo este direito, ser controlado pelas leis e pecar.

§ 22 — No que respeita à religião, é certo que o homem é tanto mais livre e de acordo consigo próprio quanto mais ama a Deus e o honra com maior inteireza de alma. Todavia, considerando não a ordem da natureza que ignoramos, mas unicamente as injunções da razão respeitantes à religião que em nós existem como palavras de Deus em nós reveladas, ou reveladas aos profetas em forma de leis, podemos dizer, humanamente falando, que o homem obedece a Deus que nos ama de alma inteira, e que, pelo contrário, peca ao deixar-se levar pelo desejo cego.

Mas devemos ter presente que pertencemos a Deus, tal como a argila ao oleiro que, da mesma terra, constrói vasos que são, uns para honra, outros para opróbrio; e também que o homem pode agir bem contrariamente aos decretos de Deus, impressos como leis na nossa alma ou na dos profetas, mas não contra o eterno decreto de Deus que está gravado em todo o Universo e que respeita à ordem de toda a natureza.

§ 23 — A justiça e a injustiça não se podem conceber senão num Estado, tal como o pecado e a obediência (no seu sentido estrito). Nada há, efetivamente, na natureza que se possa dizer pertencer de direito a um e não a outro, mas tudo é de todos, isto é, cada um tem direito na medida em que possui poder. Num Estado, pelo contrário, em que a lei comum decide o que a cada um pertence, é chamado justo o que tem uma vontade constante de atribuir a cada um o que a este pertence, e, pelo contrário, injusto o que se esforça por tornar seu o que pertence a outros.

§ 24 — Quanto ao elogio ou reprovação — explicamo-lo na nossa *Ética* — são sentimentos de alegria ou tristeza que, como causa, acompanham a idéia de virtude ou, pelo contrário, de incapacidade do homem.

CAPÍTULO III

§ 1 — O estatuto de um Estado, seja ele qual for, chama-se civil, e o corpo inteiro *Civitas*, os negócios comuns coisa pública. Chamamos cidadãos aos homens considerados como gozando de todos os privilégios que a Civitas concede em virtude do direito civil. Chamamos-lhes súditos na medida em que têm que obedecer às regras instituídas pela Civitas, isto é, às suas leis. Dissemos, enfim (§17 do Capítulo precedente), que havia três gêneros de estatuto civil: democrático, aristocrático e monárquico. Mas, antes de começar a tratar de cada um separadamente, vou primeiramente demonstrar o que respeita ao estatuto civil em geral, e o que, antes de mais nada, é preciso considerar ser o direito supremo da Civitas, isto é, o do soberano.

§ 2 — Verifica-se, segundo o §15 do capítulo anterior, que o direito daquele que detém o poder público, isto é, do soberano, é tão só o direito natural, o qual se define pela potência não de cada um dos cidadãos, tomados à parte, mas da massa conduzida de certo modo por um mesmo pensamento. Isto equivale a dizer que o corpo e a alma do Estado inteiro possuem um direito que tem por medida o seu poder, como se viu que era o caso do indivíduo e do estado natural: cada cidadão ou súdito tem portanto menos direito quanto a Civitas o excede em poder (§16 do capítulo precedente), e conseqüentemente cada cidadão nada pode fazer nem possuir, segundo o direito civil, senão o que pode reivindicar em virtude de um decreto da Civitas.

§ 3 — Se a Civitas concede a alguém o direito e por conseguinte o poder (pois que de outro modo, segundo o §12 do capítulo precedente, apenas teria assumido compromissos verbais) de viver consoante a sua própria constituição, abdica do seu próprio direito e transfere-o para aquele a quem dá esse poder. Se dá esse poder a duas ou a várias pessoas, divide por isso o Estado, posto que cada um daqueles a quem foi dado o poder vive segundo seu próprio arbítrio. Se, enfim, dá esse poder a cada um dos cidadãos, destrói-se a si mesma; a Civitas deixa de existir e retorna-se ao estado natural. Tudo isso é bastante manifesto através do que precede e por conseguinte não se pode de maneira alguma conceber que a regra da Civitas permita a cada cidadão viver segundo o seu próprio arbítrio; o direito natural pelo qual cada um é juiz de si mesmo desaparece, portanto, necessariamente no estado civil. O homem, com efeito, quer no estado natural quer no civil, age segundo as leis da sua natureza e procura satisfazer os seus interesses, pois, em cada um desses dois estados, é a esperança ou o temor que o leva a fazer isto ou aquilo, e a principal diferença entre os dois estados é que, no estado civil, todos têm os mesmos temores e a regra de vida é comum, o que não suprime, necessariamente, a faculdade de julgar própria de cada um. Quem, com efeito, decidiu obedecer a todas as ordens formais da Civitas, quer por recear o seu poder quer por amar a tranqüilidade, procura a sua própria segurança e os seus interesses consoante a sua própria vontade.

§ 4 — Além disso, não podemos conceber que seja permitido a cada um interpretar os decretos da Civitas, isto é, as suas leis. Se houvesse tal permissão, ser-se-ia, com efeito, seu próprio juiz; não haveria atos cometidos por si que não pudessem tornar-se desculpáveis ou louváveis com uma aparência de direito, e, conseqüentemente, regular-se-ia a vida segundo o próprio arbítrio, o que (pelo parágrafo precedente) é absurdo.

§ 5 — Vemos, portanto, que cada cidadão depende não de si mesmo, mas da Civitas às injunções da qual é obrigado a obedecer, e que ninguém tem o direito de decidir o que é justo, o que é injusto, o que é moral ou imoral, mas pelo contrário, visto que o corpo do Estado deve ser conduzido de certo modo por um pensamento único e que, conseqüentemente, a vontade da Civitas deve ser tida como a vontade de todos, é o que a Civitas decreta ser justo e bom, o que cada um deve aceitar como tal. Portanto, mesmo se o súdito julga iníquos os decretos da Civitas, é contudo obrigado a submeter-se a eles.

§ 6 — Mas — pode-se objetar — não será contrário à injunção da razão submeter-se inteiramente ao julgamento de outrem? O estado civil seria então contrário à razão? Daí a conseqüência que, sendo irracional, este estado não pode ser constituído senão por homens privados de razão, e de modo algum por aqueles que vivem sob a conduta da razão. Mas dado que a razão nada ensina que seja contra a natureza, uma razão sã não pode ordenar que cada um dependa unicamente de si mesmo enquanto os homens estiverem sujeitos a paixões (§ 15 do capítulo precedente), isto é (§ 5 do primeiro capítulo), nega que isso possa ser. É preciso acrescentar que a razão ensina de uma maneira geral a procurar a paz, e é impossível atingi-la se as leis comuns da Civitas não permanecerem invioladas. Por conseguinte, quanto mais um homem vive sob a conduta da razão, isto é, segundo o § 11 do capítulo precedente, mais livre é, mais constantemente observará as leis da Civitas e se conformará às injunções do soberano de que é súdito. A isto, acrescento ainda que o estado civil é instituído naturalmente para pôr fim a um temor comum e afastar misérias extensivas a toda a comunidade, e por conseguinte tem por finalidade que todo o homem que vive sob a conduta da razão se esforçaria, em vão (§ 15 do capítulo precedente), por a atingir. É por isso que, se um homem conduzido pela razão deve por vezes fazer por ordem da Civitas o que sabe ser contrário à razão, este mal é largamente compensado pelo proveito que tira do estado civil; é próprio da razão o escolher o menor entre dois males. Podemos, portanto, concluir que ninguém agirá nunca contrariamente às prescrições da razão ao fazer o que, segundo a lei da Civitas, deve fazer. Concordarão mais facilmente quando tivermos explicado até onde se estende o poder da Civitas e conseqüentemente o seu direito.

§ 7 — É preciso considerar em primeiro lugar que, se no estado natural (§ 11 do capítulo precedente) tem mais poder e depende mais de si mesmo aquele que vive sob a conduta da razão, da mesma forma a Civitas fundada na razão e dirigida por ela é a que é mais poderosa e mais dependente de si própria. O direito da Civitas, com efeito, é definido pelo poder das massas que é, de certo modo, conduzido por um único pensamento, e esta união das almas não se pode conceber de nenhuma maneira se a Civitas não tende eminentemente à finalidade que a sã razão ensina a todos os homens que lhes é útil atingir.

§ 8 — É preciso considerar, em segundo lugar, que os súditos não dependem de si próprios, mas da Civitas, na medida em que temem o poder ou as ameaças que ela suspende sobre eles, ou então na medida em que amam o estado civil (§ 10 do capítulo precedente). Daí a conseqüência de que todas as ações às quais ninguém pode ser incitado nem por promessas nem por ameaças estão fora dos desígnios da Civitas. Ninguém, por exemplo, pode abdicar da sua faculdade de julgar; perguntemos por que promessas ou ameaças poderia um homem ser levado a crer que o todo não é maior do que a parte, ou que Deus não existe, ou que um corpo que ele vê ser finito é um ser infinito? De uma maneira geral, como poderia ser levado a crer no que é contrário ao que sente ou pensa? Da mesma maneira, por que promessas ou ameaças poderia um homem ser levado a amar o que odeia ou a odiar o que ama? E outro tanto é preciso dizer de tudo aquilo a que a natureza humana tem horror, a tal ponto que julga o pior dos males: que um homem testemunhe contra si mesmo, se torture a si próprio, mate pai e mãe, não se esforce por evitar a morte, e outras coisas tais que, nem promessas, nem ameaças, possam forçar ninguém. Todavia, se se quisesse dizer que a Civitas tem o direito ou o poder de ordenar tais coisas, seria a nossos olhos como se se dissesse que um homem tem o direito de ser insensato ou de delirar. Com efeito, que seria, senão um delírio, a lei a que ninguém pode ser constrangido? Falo aqui expressamente das coisas que não podem ser do direito da Civitas e das quais a natureza humana tem geralmente horror. Que um insensato ou um demente não possam ser levados por qualquer promessa ou ameaça a obedecer a ordens, e mesmo que um ou outro, por estarem submetidos a esta ou àquela religião, julguem que as leis do Estado são piores que qualquer mal, nem por isso essas leis são abolidas, pois que a maioria dos cidadãos se lhes submetem. Por conseguinte, aqueles que não têm temor nem esperança não dependem senão de si próprios (§ 10 do capítulo precedente) e são (§ 14 do capítulo precedente) inimigos do Estado, aos quais há o direito de opor uma sujeição.

§ 9 — É preciso considerar, em terceiro e último lugar, que uma medida que provoque a indignação geral tem pouca relação com o direito da Civitas, pois que, obedecendo à natureza, os homens se ligarão contra ela, seja para se defenderem de uma ameaça comum, seja para se vingarem de qualquer mal e, visto que o direito da Civitas se define pelo poder da comunidade, é certo que o poder e o direito da Civitas ficarão diminuídos, pois que dá razões à formação de uma frente comum. A Civitas tem, certamente, perigos a temer; da mesma maneira que, no estado natural, um homem depende tanto menos de si próprio quanto mais razões tem para temer, também a Civitas se pertence tanto menos quanto mais tem a recear. Eis o que respeita ao direito do soberano sobre os súditos. Antes de falar agora do seu direito sobre o estrangeiro, parece que deveríamos resolver uma questão que habitualmente se põe a respeito da religião.

§ 10 — Poder-se-ia, com efeito, fazer esta objeção: o estado civil e a obediência dos súditos, tal como demonstramos que exige o estado civil, não suprimem a religião que nos obriga ao culto de Deus? Mas, se examinamos este ponto, nada encontramos que nos possa inquietar. A alma, com efeito, na medida em que usa da razão, não depende em nada do soberano, mas de si própria (§ 11 do capítulo precedente), e assim, o conhecimento verdadeiro e o amor de Deus não podem estar submetidos ao domínio de ninguém, tal como a caridade para com o próximo (§ 8 deste capítulo). Se considerarmos, por outro lado, que o exercício supremo da caridade é o que visa à manutenção da paz e ao estabelecimento da concórdia, não poremos em dúvida que cumpre realmente a sua função aquele que dá assistência a cada qual, tanto quanto o permitem as leis da Civitas, isto é, a concórdia e a ordem pública. No que respeita ao culto exterior, é certo que em nada ajuda ao verdadeiro conhecimento de Deus e ao amor que é sua necessária conseqüência, mas que, pelo contrário, pode prejudicá-los; é necessário, portanto, não lhes atribuir um tal preço que a paz e a ordem pública possam ser perturbados por sua causa. É, aliás, certo que não sou, por direito natural, isto é (segundo o § 11 do capítulo precedente), em virtude de um decreto divino, o defensor da religião, pois que não tenho de modo algum o poder que tiveram outrora os discípulos de Cristo de expulsar os espíritos impuros e de fazer milagres, e este poder seria tão necessário para propagar a religião onde ela é interdita que, sem ele, não só se perde o esforço como, além disso, se produzem muitos males: todos os séculos fornecem exemplos destes funestos excessos. Cada um, portanto, esteja onde estiver, pode honrar Deus com uma verdadeira religião e procurar a sua própria salvação, o que é função do simples particular. Quanto ao cuidado de propagar a religião, é preciso entregá-lo a Deus, ou ao soberano, a quem unicamente cabe ocupar-se da coisa pública.

Retomo o meu tema.

§ 11 — Após ter explicado o direito do soberano e a função dos súditos, resta considerar o direito do soberano sobre o estrangeiro, o que facilmente se discerne pelas considerações precedentes. Pois que, com efeito (pelo § 2 deste capítulo), o direito do soberano não é mais do que o próprio direito natural, dois Estados estão um em relação ao outro como dois homens em estado natural, com a diferença que a Civitas pode defender-se a si mesma da opressão de uma outra Civitas, coisa de que o homem em estado natural é incapaz, fatigado como está cotidianamente pelo sono, freqüentemente por uma doença do corpo ou da alma, e, enfim, pela velhice, exposto, além disso, a outros males contra os quais a Civitas se pode defender.

§ 12 — A Civitas é portanto senhora de si própria na medida em que se pode proteger e defender da opressão (§§ 5 e 15 do capítulo precedente), e depende de outrem (§§ 9 e 15 do capítulo precedente) na medida em que teme o poder de outra Civitas ou é impedida por essa Civitas de fazer o que quer, ou, enfim, porque tem necessidade dessa outra Civitas para se conservar e desenvolver; não há dúvida, com efeito, que se duas Civitates querem prestar-se auxílio mútuo, não têm ambas mais poder e, por conseguinte, mais direito do que uma ou outra isoladas (§13 do capítulo precedente).

§ 13 — Isto pode perceber-se mais claramente, considerando que duas Civitates são naturalmente inimigas porque os homens (§ 14 do capítulo precedente) no estado natural são inimigos. Aqueles que fora da Civitas conservem o direito natural, permanecem inimigos. Se, por conseguinte, uma Civitas quer entrar em guerra com outra e recorrer a meios extremos para a colocar na sua dependência, tem o direito de o tentar, pois que, para declarar guerra, basta querê-lo. Pelo contrário, não é possível decidir a paz senão com o concurso e a vontade da outra Civitas. Daí, esta conseqüência: o direito da guerra pertence a cada Civitas, e, pelo contrário, para fixar o direito à paz, é preciso pelo menos duas Civitates, que ficarão ligadas por um tratado ou confederadas.

§ 14 — Este tratado será mantido por tanto tempo quanto a causa que determinou o seu estabelecimento, isto é, enquanto o temor de um mal ou a esperança de um proveito subsistirem; se esta causa deixa de agir sobre qualquer das duas Civitates, esta guarda o direito que lhe pertence (§10 do capítulo precedente) e o laço que ligava as duas Civitates uma à outra rompe-se por si mesmo. Cada

Civitas tem, portanto, todo o direito de romper o tratado quando quiser, e não se pode dizer que age por astúcia ou perfídia porque quebra os seus compromissos, quando já não tem qualquer razão para temer, ou esperar: a condição é, com efeito, igual para cada um dos contratantes; a primeira que se libertar do temor tornar-se-á independente e, por conseqüência, fará o que melhor lhe convier. Aliás, ninguém contrata com vistas ao futuro, senão considerando as circunstâncias presentes, e se tais circunstâncias se alteram, a própria situação se altera inteiramente. Por esse motivo, cada uma das Civitates ligadas por um tratado conserva o direito de preservar os seus interesses; cada uma, conseqüentemente, esforça-se tanto quanto pode por se libertar do medo e retomar a independência, e também por impedir que a outra se torne mais poderosa. Se, portanto, uma Civitas se queixa de ter sido ludibriada, não é a lei da Civitas confederada que pode condenar, mas a sua própria imbecilidade: confiou a sua estabilidade a outra Civitas independente, para a qual a salvaguarda do Estado é a lei suprema.

§ 15 — As Civitates que decidiram da paz entre si, têm o direito de regular os litígios que daí possam surgir, isto é, das estipulações através das quais se comprometeram uma com a outra. Com efeito, as regras admitidas com vistas à paz não respeitam apenas uma, mas são comuns às Civitates contratantes (§ 13 deste capítulo). Se não podem chegar a acordo, por isso mesmo retornam ao estado de guerra.

§ 16 — Quanto mais Civitates acordem na paz, tanto menos cada uma delas é temível para as outras, isto é (§ 13 deste capítulo), menos independente é, e mais obrigada a submeter-se à vontade comum das Civitates ligadas pelo tratado.

§ 17 — A fé que a sã razão e a religião propõem observar não está de forma alguma em causa aqui, pois nem a razão nem a Escritura ordenam que se observe todo o compromisso tomado. Se prometi a alguém, por exemplo, guardar o dinheiro que me confiou secretamente, não sou obrigado a permanecer fiel ao meu compromisso se souber, ou julgar saber, que o depósito que me confiou era produto de um roubo. Agirei mais retamente fazendo com que esse depósito retorne ao legítimo proprietário. Igualmente, se um soberano prometeu fazer a outro o que quer que seja e, mais tarde, as circunstâncias ou a razão pareçam demonstrar que isso é prejudicial para o bem-estar comum dos súditos, é obrigado a quebrar o compromisso que tomou. Pois a Escritura não prescreve, senão em geral, observar a fé prometida, e deixa ao julgamento de cada um os casos particulares a excetuar; não prescreve, portanto, nada que seja contrário às prescrições acima enunciadas.

§ 18 — Para não ser obrigado, a todo o momento, a quebrar o fio do discurso e a fim de afastar objeções semelhantes que me poderiam fazer em seguida, advirto que estabeleci tudo isto fundamentando-me na essência da natureza humana, de qualquer forma que a consideremos. Parto, com efeito, do esforço universal que fazem todos os homens para a sua conservação, esforço que fazem igualmente, quer sejam sábios ou insensatos. De qualquer maneira que se considere os homens, quer sejam conduzidos pela paixão, quer pela razão, a demonstração, acabamos de o dizer, é universal.

CAPÍTULO IV

§ 1 — Demonstramos no capítulo precedente que o direito do soberano, que não tem outro limite senão o seu próprio poder, consiste principalmente em que ele possui um pensamento que se pode dizer que é o do poder público, pelo qual todos se devem regular, e que é o único que determina o bem, o mal, o que é justo e injusto, isto é, o que todos, tomados separadamente ou em conjunto, devem fazer ou não. Por aí vemos que só o soberano sabe estabelecer leis e, perante qualquer problema, interpretá-las em cada caso particular e decidir se uma determinada qualidade é contrária ou conforme ao direito (§§ 12 e 13 do capítulo precedente).

§ 2 — Tendo presente essa matéria, com os meios necessários para atingir os fins respeitantes aos negócios do Estado, isto é, à coisa pública, daí resulta que a coisa pública está unicamente dependente da direção dada por aquele que tem o poder soberano. Por conseguinte, só o soberano tem o direito de estabelecer um juízo sobre os atos de cada um, de lhe pedir contas, de castigar os delinqüentes, de arbitrar os diferendos entre cidadãos, ou de designar homens versados no conhecimento das leis para administrar tal serviço em seu lugar. O mesmo acontece no que respeita ao emprego e ordenação das vias e meios próprios para a paz ou a guerra, fundação e proteção das cidades, chefia das tropas, distribuição das funções militares, comandos a atribuir, envio de delegados para tratar da paz, ou audiências concedidas aos delegados estrangeiros e, finalmente, impostos necessários para subvencionar todas as despesas públicas.

§ 3 — Dado que só ao soberano compete tratar dos negócios públicos ou escolher funcionários para esse efeito, daí resulta que um súdito usurpa o poder quando, por seu próprio arbítrio, com desconhecimento da autoridade suprema, se ocupa de um negócio público, mesmo quando pensou agir para bem da Civitas.

§ 4 — Tem-se, todavia, o hábito de perguntar se o soberano está submetido às leis e se, conseqüentemente, pode pecar. Pois que, no entanto, as palavras lei e pecado não se aplicam apenas à legislação da Civitas, mas às leis comuns de toda a natureza e que há que considerar acima de tudo as normas que a razão propõe, não podemos dizer, em absoluto, que a Civitas esteja submetida a alguma lei e possa pecar. Se, com efeito, a Civitas não tivesse leis nem regras, nem mesmo aquelas sem as quais não seria uma Civitas, seria preciso ver nela não uma coisa pertencente à natureza, mas uma quimera. A Civitas peca, portanto, quando age, ou permite agir, de tal forma que a sua própria ruína possa ser a conseqüência dos atos efetuados; diremos então que ela peca no sentido em que os filósofos, e também os médicos, dizem que a natureza pode pecar, o que significa que a Civitas peca quando age contrariamente ao comando da razão. É, sobretudo, com efeito, quando se conforma aos ditames da razão (§ 7 do capítulo precedente) que a Civitas é senhora de si mesma. Portanto, quando age contrariamente à razão, e na medida em que o faz, falta contra si própria e pode dizer-se que peca. Isto será visto mais claramente se considerarmos que, dizendo que cada um pode estatuir sobre um negócio que é da sua competência e decidir como quiser, este poder que temos em vista deve medir-se, não somente pelo poder do agente, mas também pelas facilidades que oferecer o paciente. Se, por exemplo, digo que tenho o direito de fazer dessa mesa o que quiser, tal não significa que essa mesa possa voar. Assim, também, apesar de dizermos que os homens dependem, não de si mesmos, mas da Civitas, não entenderemos por isso que os homens possam perder a sua natureza humana e revestir-se de outra. Por conseguinte, não entendemos, de modo algum, que a Civitas tenha o direito de fazer com que os homens tenham asas para voar ou, o que é igualmente impossível, que considerem com respeito o que provoca o riso ou a mágoa; entendemos então que, dadas certas condições, a Civitas inspira aos súditos temor e respeito; se estas mesmas condições deixam de existir, já não há temor nem respeito e, assim, a própria Civitas deixa de existir. Portanto, a Civitas, para permanecer senhora de si mesma, deve manter as causas do temor e do respeito, sob pena de não ser mais uma Civitas. Àquele ou àqueles que detêm o poder público, é portanto igualmente impossível mostrar-se em estado de embriaguez ou acompanhados de prostitutas, fazer de bobos, violar ou desprezar abertamente as leis estabelecidas por eles mesmos e, apesar disso, conservar a sua majestade; isto é-lhes tão impossível como ser e ao mesmo tempo não ser. Condenar à morte os súditos, confiscar os seus bens, violentar as virgens e coisas semelhantes, é transformar o temor em indignação, e conseqüentemente o estado civil em estado de guerra.

§ 5 — Vemos, portanto, em que sentido se pode dizer que a Civitas está submetida às leis e pode pecar; se por leis se entende a legislação civil, o que pode ser reivindicado em virtude dessa legislação, e por pecado o que ela proíbe, isto é, se tomarmos estas palavras no sentido próprio, não podemos de modo algum dizer que a Civitas seja obrigada pelas leis ou possa pecar. As regras que a Civitas no seu próprio interesse deve observar, bem como as causas que produzem o temor e o respeito, não pertencem à legislação civil mas ao direito natural, pois que (parágrafo precedente) não é recorrendo ao direito civil, mas ao direito da guerra que tais coisas podem ser reivindicadas. A Civitas não admite para o seu poder outro limite senão o que o homem observa no estado natural para permanecer senhor de si próprio, ou não agir como inimigo de si mesmo, para se não destruir. A observação deste limite não é de modo algum obediência, é pelo contrário a liberdade da natureza humana. Quanto à legislação civil, depende apenas do decreto da Civitas e a Civitas, para permanecer, não tem que agradar a ninguém senão a si mesma; não há para ela outro bem ou outro mal, senão o que decreta ser para si própria um bem ou um mal, e, por conseguinte, não tem apenas o direito de se defender, de estabelecer e de interpretar as leis, mas também de as revogar e, em virtude do seu pleno poder, de perdoar a um acusado, seja ele qual for.

§ 6 — Não há dúvida que os contratos, ou as leis, pelos quais o conjunto dos cidadãos transfere o seu direito para um conselho, ou para um homem, devem ser violados quando essa violação importa ao interesse comum. Mas a nenhum particular compete julgar, isto é, decidir se é do interesse comum violar as leis estabelecidas ou não. Apenas aquele que detém o poder público pode (§ 3 deste capítulo) julgar; assim, segundo o direito civil, só aquele que detém o poder público pode interpretar as leis. A isto acresce que nenhum particular tem o direito de agir como defensor das leis; por conseguinte, na realidade, as leis não obrigam aquele que detém o poder. Que, todavia, as leis sejam de tal natureza que não possam ser violadas sem que por isso a Civitas seja enfraquecida, isto é, que o temor experimentado em comum pela maioria dos cidadãos se transforme em indignação, por isso mesmo a Civitas é dissolvida e a lei suspensa; já não é, portanto, em concordância com o direito civil, mas em virtude do direito da guerra que ela se protege. E, assim, o detentor do poder não é obrigado a observar as leis do contrato por nenhuma outra razão que não a que tem o homem no estado natural de impedir tornar-se seu próprio inimigo, isto é, destruir-se, como dissemos no parágrafo precedente.

CAPÍTULO V

§ 1 — No § 11 do capítulo II demonstramos que um homem é senhor de si próprio, sobretudo quanto mais vive sob a conduta da razão, e conseqüentemente (§ 7 do capítulo III) é mais poderosa e senhora de si a Civitas fundada e governada segundo a razão. Daqui que a melhor regra da vida para se conservar a si mesmo tanto quanto possível é aquela que é instituída pela razão, e daí resulta que o melhor que faz, seja um homem, seja uma Civitas, é o que fizer enquanto for completamente senhor de si próprio. Não é, com efeito, tudo o que dizemos que há o direito de fazer que afirmaremos ser o melhor: uma coisa é cultivar um campo em virtude de um direito, outra coisa cultivar esse campo o melhor possível; uma coisa, digo, é defender-se, conservar-se, julgar em virtude do direito próprio, outra coisa defender-se, conservar-se e julgar o melhor possível. Conseqüentemente, uma coisa é comandar em virtude do direito e ter o encargo dos negócios públicos, outra é comandar e governar o melhor possível a coisa pública. Tendo assim tratado em geral do direito de qualquer Civitas, é agora tempo de tratar do melhor regime em qualquer Estado.

§ 2 — Conhece-se, facilmente, qual é a condição de qualquer Estado considerando o fim em vista do qual um estado civil se funda; este fim não é senão a paz e a segurança da vida. Por conseguinte, o melhor governo é aquele sob o qual os homens passam a sua vida em concórdia e aquele cujas leis são observadas sem violação. É certo, com efeito, que as sedições, as guerras e a violação ou o desprezo pelas leis são imputáveis, não tanto à malícia dos súditos, quanto a um vício do regime instituído. Os homens, com efeito, não nascem cidadãos, mas formam-se como tal. As paixões naturais que se debatem são, além disso, as mesmas em todos os países; se, portanto, reina uma maior malícia numa Civitas e se aí se cometem pecados em maior número, isso provém de que ela não promoveu suficientemente a concórdia, que as suas instituições não são suficientemente prudentes e que, conseqüentemente, não estabeleceu absolutamente um direito civil. Com efeito, um estado civil que não suprimiu as causas de sedição e onde a guerra é constantemente de recear, onde as leis são freqüentemente violadas, não difere muito do estado natural em que cada um, com maior perigo para a sua vida, age segundo a própria compleição.

§ 3 — Da mesma maneira que os vícios dos súditos, a sua excessiva licenciosidade e insubmissão devem ser imputadas à Civitas, também, em contrapartida, a sua virtude e sua constante submissão às leis devem ser atribuídas à virtude da Civitas e ao estabelecimento de um direito civil absoluto, tal como é manifesto pelo parágrafo 15 do capítulo II. É, portanto, por boa razão que se presta honra à virtude de Aníbal, por no seu exército nunca ter havido sedição.

§ 4 — Se numa Civitas os súditos não tomam as armas porque estão dominados pelo terror, deve-se dizer não que aí reina a paz, mas antes que a guerra aí não reina. A paz, com efeito, não é a simples ausência de guerra, é uma virtude que tem a sua origem na força da alma, pois que a obediência (§ 19 do capítulo II) é uma vontade constante de fazer o que, segundo o direito comum da Civitas, deve ser feito. Uma Civitas, é preciso dizê-lo ainda, em que a paz é efeito da inércia dos súditos conduzidos como um rebanho e formados unicamente na servidão, merece mais o nome de solidão que o de Civitas.

§ 5 — Quando dizemos que o melhor Estado é aquele em que os homens vivem na concórdia, entendo que vivem uma vida propriamente humana, uma vida que não se define pela circulação do sangue e realização das outras funções comuns a todos os animais, mas principalmente pela razão, a virtude da alma e a vida verdadeira.

§ 6 — É preciso notá-lo ainda, o Estado que refiro como instituído com o fim de fazer reinar a concórdia, deve ser entendido como instituído por uma população livre, e não como estabelecido por direito de conquista sobre uma população vencida. Sobre uma população livre a esperança exerce maior influência que o medo; sobre uma população submetida pela força, pelo contrário, é o medo o grande móbil, não a esperança. Da primeira, pode-se dizer que tem o culto da vida; da segunda, que procura apenas escapar à morte; uma, digo que se esforça por viver por si mesma; a outra, obedece constrangida à lei do vencedor. É o que exprimimos ao dizer que uma é escrava e a outra livre. A finalidade de um poder adquirido pelo direito da guerra é o domínio, e aquele que o exercer tem escravos e não súditos. E ainda que entre o Estado criado por uma população livre e aquele que é originado pela conquista não haja diferença essencial, se considerarmos a noção geral de direito civil, há entre eles uma grande diversidade, quer quanto ao fim a atingir, como demonstramos, quer quanto aos meios de que cada um deve usar para subsistir.

§ 7 — O penetrante Maquiavel demonstrou clarissimamente de que meios um Príncipe onipotente, possuído pelo desejo de domínio, deve usar para estabelecer e manter o seu poder; porém, quanto ao fim visado, este não surge claramente. Se se propôs uma boa finalidade, tal como é de se esperar de um homem prudente, parece demonstrar de que imprudência as massas dão provas quando suprimem um tirano, quando não podem suprimir as causas que fazem com que um Príncipe se torne um tirano, mas, pelo contrário, quanto mais motivos houver para temer um Príncipe, tanto mais causas há para fazer dele um tirano, tal como acontece quando a multidão faz do Príncipe um exemplo e glorifica um atentado contra o soberano como um alto feito. Talvez Maquiavel tenha querido, também, mostrar quanto a população se deve defender de entregar o seu bem-estar a um único homem que, se não é fútil ao ponto de se julgar capaz de agradar a todos, deverá constantemente recear qualquer conspiração e, por isso, vê-se obrigado a preocupar-se sobretudo consigo próprio e, assim, a enganar a população em vez de a salvaguardar. E estou tanto mais disposto a julgar assim acerca deste habilíssimo autor, quanto mais se concorda em considerá-lo um partidário constante da liberdade e quanto, sobre a maneira necessária de a conservar, ele deu opiniões muito salutares.

CAPÍTULO VI

§ 1 — Sendo os homens, como dissemos, mais conduzidos pelas paixões que pela razão, daí se conclui que se verdadeiramente querem acordar entre si e ter, de certa maneira, uma alma comum, não é em virtude de uma percepção da razão, mas antes duma paixão comum, tal como a esperança, o medo, ou o desejo de tirar vingança de um prejuízo sofrido. Como, aliás, todos os homens temem a solidão, porque nenhum deles na solidão tem força para se defender e obter as coisas necessárias à vida, daí resulta que os homens têm, do estado civil, um desejo natural e que não pode dar-se que tal estado seja nunca inteiramente dissolvido.

§ 2 — Portanto, as discórdias e as sedições que se desencadeiam na Civitas nunca visam à sua dissolução (como é o caso nas outras sociedades), mas sim à passagem de uma forma a outra, se, pelo menos, as dissensões se não podem resolver sem alteração de regime. Por meios de conservar o Estado entendo, pois, os meios requeridos para o manter na sua forma anterior, sem modificação notável.

§ 3 — Se a natureza humana estivesse disposta de tal forma que o maior desejo dos homens incidisse sobre o que lhes é mais útil, não haveria necessidade de nenhuma arte para manter a concórdia e a fidelidade. Mas como é certo que as disposições da natureza humana são inteiramente diferentes, o Estado deve ser dirigido de tal maneira que todos, tanto os que governam como os que são governados, façam, de boa ou de má vontade, o que importa ao bem-estar de todos, isto é, que todos, por vontade própria, por força, ou por necessidade, sejam obrigados a viver segundo os preceitos da razão. Será assim quando os negócios de Estado forem ordenados de tal maneira que nada do que respeita ao bem-estar comum seja entregue ao arbítrio de um só. Ninguém, com efeito, é tão vigilante que não adormeça por vezes, e ninguém teve jamais o espírito tão poderoso e firme, de uma tal têmpera, que não tenha por vezes quebrado e não tenha sofrido uma derrota quando maior necessidade havia de força de alma. E é certamente insensato exigir de outro o que ninguém pode obter de si mesmo, isto é, que cuide da salvação de outro mais do que da sua própria, que não seja ávido, nem invejoso, nem ambicioso etc., quando está, sobretudo, cotidianamente exposto às solicitações da sensibilidade.

§ 4 — A experiência parece, todavia, ensinar que, no interesse da paz e da concórdia, é conveniente que todo o poder pertença a um só. Nenhum Estado, com efeito, permaneceu tanto tempo sem nenhuma alteração notável como o dos turcos e, em contrapartida, nenhuma das Civitates foram menos estáveis do que Civitates populares ou democráticas, nem onde se tenham dado tantas sedições. Mas se a paz tem de possuir o nome de servidão, barbárie e solidão, nada há mais lamentável para o homem do que a paz. Entre pais e filhos há certamente mais disputas e discussões mais ásperas que entre senhores e escravos e, todavia, não é do interesse da família, nem do seu governo, que a autoridade paterna seja um domínio e que os filhos sejam como escravos. É, pois, a servidão, e não a paz, que requer que todo o poder esteja nas mãos de um só; tal como já dissemos, a paz não consiste na ausência de guerra, mas na união das almas, isto é, na concórdia.

§ 5 — E, certamente, aqueles que crêem que um único tenha um direito supremo sobre a Civitas cometem um grande erro. O direito, como o demonstramos no capítulo II, define-se unicamente pelo poder; ora, o poder de um só homem é completamente incapaz de sustentar um tal encargo. Daí provém que se a massa elege um rei, este escolhe homens investidos de poder, conselheiros ou amigos, aos quais entrega o bem-estar comum e o seu próprio; de tal maneira que o Estado que nós cremos ser monárquico absolutamente, é na realidade aristocrático; isto não de uma forma aberta, mas oculta e, por isso mesmo, muito má. A isto acresce que um rei criança, doente, ou dobrado pelos anos, é rei apenas de nome e que têm realmente o poder aqueles que administram os mais altos negócios do Estado, ou que estão mais perto do rei; para não falar de um rei que, abandonando-se à sensualidade, governa segundo a vontade desta ou daquela amante, deste ou daquele favorito. Ouvi dizer, diz Orsines, que outrora na Ásia reinaram mulheres, mas, eis o que é novo: o reinado de um castrado. (*Quinto Cúrcio, Livro X, capítulo I.*)

§ 6 — É certo, além disso, que os perigos que ameaçam a Civitas têm por causa cidadãos mais do que os inimigos do exterior, pois os bons cidadãos são raros. De onde se segue que aquele a quem o direito de comandar é entregue por inteiro receará sempre mais os cidadãos que os inimigos do exterior e, conseqüentemente, aplicar-se-á a defender-se a si mesmo e, em vez de salvaguardar os súditos, a enganá-los, sobretudo àqueles que a sua sabedoria tenha posto em foco, ou cujas riquezas tenham tornado poderosos.

§ 7 — Acresce ainda que os reis temem mais os filhos do que os amam, e isto tanto mais quanto esses filhos forem mais hábeis nas artes da paz e da guerra, e mais amados pelos súditos por suas virtudes. Os reis aplicar-se-ão, portanto, a educar os filhos de maneira a não ter razões para os temer. E os oficiais do reino, nesta matéria, acedem com presteza ao desejo do rei e fazem todo o possível para que o príncipe chamado à sucessão seja um homem sem cultura, e mais fácil de manobrar.

§ 8 — De tudo o que precede, conclui-se que o rei é tanto menos senhor de si próprio e que a condição do súdito é tanto mais digna de piedade, quanto mais o poder sobre a Civitas lhe for transferido sem reserva. É portanto necessário, para estabelecer um regime monárquico como deve ser, definir princípios suficientemente firmes que lhe possam servir de fundamento: princípios que dêem segurança ao monarca e paz à população, de forma que o monarca seja, tanto quanto é possível, senhor de si mesmo e cuide, tanto quanto se possa, da salvaguarda da população. Quais devem ser estes princípios é o que vou primeiramente enunciar, após o que os exporei ordenadamente.

§ 9 — É preciso fundar uma Civitas, ou várias Civitates, de que todos os cidadãos, quer habitem no interior do recinto fortificado, quer fora dele, porque se dedicam à agricultura, tenham o mesmo direito ao seu usufruto. Todavia, com uma condição: é necessário que cada Civitas tenha um número determinado de cidadãos suficiente para cuidar da defesa comum. Uma Civitas que não satisfaça a esta condição deve ser considerada em condições diferentes no que se refere ao domínio do soberano.

§ 10 — O exército deve incluir apenas os cidadãos, sem qualquer exceção, e nenhum estrangeiro deve fazer parte dele. É preciso, portanto, que todos tenham obrigatoriamente armas e que nenhum seja recebido no número dos cidadãos senão após ter sido instruído no manejo das armas e se ter comprometido a nelas se exercitar, durante certos períodos do ano. Quando, seguidamente, a força armada de cada clã tiver sido dividida em coortes e em legiões, ninguém deverá ser chamado ao comando de uma coorte se não tiver aprendido a arte das construções militares. Os chefes das coortes e das legiões serão nomeados por toda a vida, mas o oficial que comandar em tempo de guerra toda a força armada de um clã não exercerá esse comando senão durante um ano, e não poderá conservar seguidamente esse comando, nem ser novamente nomeado. Estes comandantes deverão ser escolhidos entre os conselheiros do rei, de que se falará no § 15 e no seguinte, ou entre aqueles que tiverem exercido as funções de conselheiro.

§ 11 — Os habitantes de todas as Civitates e os agricultores, isto é, todos os cidadãos, devem ser divididos em clãs que se distingam uns dos outros pelo nome e por qualquer insígnia; todos os que vierem a nascer nestes grupos serão recebidos no número dos cidadãos e terão o seu nome inscrito na lista do grupo, desde que estejam em idade de usar armas e conhecer as suas obrigações, à exceção, todavia, dos que se tiverem infamado por qualquer crime, dos mudos, dos dementes e dos que vivam de qualquer ofício servil.

§ 12 — Os campos, todo o solo e, se possível, também as casas, serão do domínio público, isto é, pertencerão àquele que possui o poder na Civitas e serão alugados ao ano aos cidadãos, quer aos habitantes das Civitates quer aos dos campos, e todos estarão isentos, em tempo de paz, de qualquer imposto. Uma parte das somas pagas a título de arrendamento será afetada às necessidades do Estado;

outra parte, reservada ao uso pessoal do rei. Em tempo de paz, com efeito, é preciso, tendo em vista a guerra, fortificar as Civitates e ter prontos navios e outros engenhos de combate.

§ 13 — Eleito o rei, escolhido dentre os vários clãs, não haverá outros nobres senão os descendentes do rei, e estes usarão, por esse motivo, insígnias reais que os distinguirão quer do seu próprio clã, quer dos outros.

§ 14 — Será interdito o casamento aos consangüíneos do rei de sexo masculino cujo grau de parentesco com o rei vá até ao terceiro ou quarto grau; os filhos que eles possam procriar serão considerados ilegítimos e privados de qualquer dignidade; nada herdarão de seus pais, cujos bens reverterão para o rei.

§ 15 — Deverá haver, para assistir o rei, vários conselheiros que se lhe seguirão imediatamente em dignidade, e não poderão ser escolhidos senão entre os cidadãos: três ou quatro indivíduos pertencentes a cada clã (cinco, se o número dos clãs não ultrapassar seiscentos) formarão conjuntamente um membro do conselho; não serão nomeados por toda a vida mas por três, quatro ou cinco anos, de tal forma que, todos os anos, um terço, um quarto ou um quinto do grupo seja renovado, e será necessário tomar o maior cuidado para que, entre os indivíduos designados em cada um dos clãs, pelo menos um seja versado no conhecimento do direito.

§ 16 — Esta designação deverá ser feita pelo próprio rei, num momento determinado do ano, que terá sido fixado para a designação dos novos conselheiros; cada clã comunicará ao rei o nome daqueles dos seus membros que tiverem atingido a idade de cinqüenta anos e que tenham sido regularmente promovidos à condição de candidatos.

É entre eles que o rei escolherá quem quiser. Quando for a vez de ser designado um legista, apenas os nomes dos homens versados na ciência do direito serão comunicados ao rei. Os conselheiros que tiverem exercido as suas funções durante o tempo estabelecido não poderão permanecer mais tempo em exercício, nem serem indicados na lista dos elegíveis, antes de um período de cinco anos ou mais. A razão pela qual é necessário que um membro de cada clã seja eleito em cada ano é ser preciso que o conselho não seja composto ora por noviços sem experiência, ora por homens que tenham experiência dos negócios, o que não poderia deixar de acontecer se todos atingissem ao mesmo tempo o fim do seu mandato e fossem substituídos por novos conselheiros. Se, pelo contrário, em cada ano é eleito um membro de cada clã, nunca haverá mais do que um quinto, um quarto, ou no máximo um terço do conselho composto por novos. Por outro lado, se o rei, impedido por outros assuntos, ou por qualquer razão, não puder designar os novos conselheiros, serão os membros em exercício que procederão a uma designação provisória até que o rei nomeie outros conselheiros, ou aprove a designação já feita.

§ 17 — A principal função deste conselho será manter a lei fundamental do Estado e dar a sua opinião sobre os negócios, de forma a que o rei saiba que decisão é preciso tomar no interesse público, não sendo permitido ao rei estatuir sobre nenhum assunto sem ter ouvido a opinião do conselho. Se, como acontece com a maior freqüência, o parecer do conselho não for unânime e houver diversas opiniões, mesmo depois de o problema ter sido posto duas ou três vezes, o caso não deverá ser mais adiado e as opiniões divergentes deverão ser comunicadas ao rei, como o demonstraremos no § 25 deste capítulo.

§ 18 — A função do conselho será também promulgar as leis e os decretos do reino, vigiar a execução das leis e toda a administração do Estado, na qualidade de vigários do rei.

§ 19 — Os cidadãos não terão nenhum acesso junto do rei senão por intermédio do conselho, ao qual serão transmitidas todas as petições e súplicas, a fim de serem por ele comunicadas ao rei. Igualmente, aos embaixadores das Civitates estrangeiras não será possível obter o favor de falar ao rei, senão por intermédio do conselho. As missivas enviadas ao rei do exterior ser-lhe-ão transmitidas pelo conselho e, de uma maneira geral, o rei deverá olhar-se como o alma da Civitas, mas o conselho terá o lugar que ocupam no homem os órgãos dos sentidos. Será, de certo modo, o corpo da Civitas pelo qual a alma concebe a situação do Estado e age, após ter decidido, o que para ele é melhor.

§ 20 — O cuidado de educar os filhos do rei pertence também ao conselho, da mesma forma que a sua tutela, se o rei morrer deixando um filho criança ou jovem. Todavia, para que o conselho não se encontre sem rei enquanto aguarda, é o mais idoso dos nobres do Estado que tomará o lugar de rei, até que o sucessor legítimo tenha atingido a idade em que lhe for possível suportar o fardo do poder.

§ 21 — Os candidatos ao conselho deverão ser cidadãos que conheçam o regime, a situação ou a condição da Civitas; quem quiser ocupar um lugar de legislação deverá conhecer, além do regime e das condições da Civitas de que é súdito, o regime e as condições das outras Civitates com as quais a sua tem qualquer comércio. Mas, só aqueles que tiverem atingido os cinquenta anos de idade, sem terem cometido qualquer delito, poderão ser colocados na lista dos elegíveis.

§ 22 — No conselho nenhuma decisão sobre os negócios do Estado poderá ser tomada, se não estiverem presentes todos os membros. Se, devido a doença, ou por qualquer outra causa, um dos membros se encontra na impossibilidade de estar presente, deverá enviar em seu lugar um membro do mesmo clã que já tenha exercido as funções de conselheiro ou sido colocado na lista dos elegíveis. Se não o fez e o conselho, em conseqüência da sua ausência, houver tido que adiar a discussão de um assunto, será condenado a pagar uma pesada multa. Mas esta disposição deve entender-se como aplicável apenas quando se trata de um assunto fundamental para o Estado; por exemplo, da guerra ou da paz, da revogação de uma lei ou da sua instituição, do comércio etc. Se, pelo contrário, se trata de um assunto respeitante a esta ou aquela Civitas, do exame de qualquer petição, bastará a presença da maioria do conselho.

§ 23 — A fim de que haja em tudo igualdade entre clãs de cidadãos e que seja observada uma certa ordem quanto ao lugar a ocupar, às moções a propor, aos discursos a fazer, cada um por sua vez terá a precedência, e aquele que tiver sido o primeiro numa sessão será o último na seguinte. Na representação de um mesmo clã é o primeiro eleito que ocupará o primeiro lugar.

§ 24 — O conselho deverá ser convocado pelo menos quatro vezes por ano, para que os funcionários lhe prestem contas da administração do Estado, para que tome conhecimento da situação e veja se há algum ponto sobre o qual seja necessário estatuir. É impossível, com efeito, que um tão grande número de cidadãos se ocupe sem interrupção dos negócios públicos; mas, não podendo os negócios públicos interromper-se, cinqüenta membros do conselho, ou um maior número, deverão ser designados para tomar o lugar do conselho no intervalo das sessões; esta comissão permanente reunir-se-á todos os dias num local próximo do rei e, todos os dias também, ocupar-se-á das finanças, das Civitates, das fortificações, da educação dos filhos do rei e, de uma maneira geral, preencherá todas as funções do grande conselho, precedentemente enumeradas, exceto que não poderá deliberar sobre os assuntos a propósito dos quais nada foi ainda decretado.

§ 25 — Reunido o conselho, antes que qualquer proposta lhe seja feita, cinco, seis, e mais legistas, pertencentes ao clã que ocupa o primeiro lugar na sessão, dirigir-se-ão ao rei e entregar-lhe-ão as petições, ou cartas, se as houver, a fim de lhe dar a conhecer a situação e receber as suas instruções sobre o que ele quer que se proponha ao conselho. Recebidas estas instruções, retornarão a participar no conselho e aquele que tem a presidência abrirá o debate. Os sufrágios não serão recolhidos imediatamente quando se tratar de um assunto julgado por um dos membros como sendo de alguma importância, mas esperar-se-á tanto tempo quanto o permitir a urgência da decisão a tomar. Durante o tempo em que o conselho não estiver em sessão, os conselheiros que representam cada um dos clãs poderão examinar o assunto entre si e, se lhes parecer de grande importância, consultar outros cidadãos que tenham feito parte, ou sido candidatos ao conselho. Se, no momento fixado para a reunião do conselho, não tiverem chegado a entender-se, o seu clã não poderá tomar parte no voto (pois cada um dos clãs só tem um voto). No caso contrário, o legista do clã apresentará ao conselho a opinião que tiver sido reconhecida como melhor e os outros clãs procederão da mesma maneira. Depois de ter ouvido todas estas opiniões e as razões que as motivam, se a maioria do conselho o julgar bom procede-se a um novo exame; a sessão será de novo suspensa por um tempo determinado, expirado o qual cada clã deverá dar a conhecer o seu parecer final. Só então, perante o conselho reunido por completo, serão recolhidos os sufrágios, e a opinião que não tiver colhido pelo menos cem votos será definitivamente afastada. As outras serão transmitidas ao rei por todos os legistas pertencentes ao conselho, a fim de que ele escolha a opinião que quiser, após ter conhecimento das razões de cada partido. Os legistas regressarão em seguida ao conselho onde todos esperarão o rei, para dele saber, no momento que tiver fixado, qual das opiniões a ele transmitidas pensa necessário adotar e o que decide fazer-se.

§ 26 — Para administrar a justiça, será formado outro conselho apenas de juristas, cuja função é regular os diferendos e pronunciar penas contra os delinqüentes; todavia, todas as sentenças dadas por eles devem ser aprovadas pela comissão permanente, substituta do grande conselho, que examinará se essas sentenças terão sido dadas em conformidade com as regras do direito e com imparcialidade. Se uma das partes, aquela que tiver perdido o processo, puder demonstrar que um dos juízes se deixou corromper por um adversário, ou tinha qualquer razão para querer bem ao queixoso ou odiá-lo, ou se, enfim, as formas legais não foram observadas, o caso deverá ser inteiramente retomado. Talvez estas disposições pareçam inaceitáveis aos que, quando se trata de um caso criminal, têm o costume de estabelecer um culpado menos por argumentos do que pela tortura. Por mim, todavia, não concebo outro procedimento, senão o que se acorda com o melhor governo da Civitas.

§ 27 — Estes juízes devem ser em grande quantidade e em número ímpar, sessenta e um, cinqüenta e um pelo menos, e só deve ser designado um de cada clã de cidadãos, não vitaliciamente, mas de forma que haja todos os anos membros do tribunal que sejam substituídos por outros, pertencentes a outros clãs, e que tenham atingido a idade de quarenta anos.

§ 28 — Neste tribunal, nenhuma sentença deve ser tomada senão em presença de todos os juízes. Se um deles estiver afastado por muito tempo devido a doença ou a qualquer outra causa, será preciso designar um substituto. Quando se votar, cada um dará a sua opinião, não publicamente, mas por meio de esferas.

§ 29 — Os emolumentos a pagar aos membros deste tribunal e aos da comissão permanente do grande conselho serão tomados dos bens dos condenados a uma pena pecuniária. Além disso, em qualquer caso civil, deverá ser paga por aquele que tiver perdido o seu processo uma certa soma proporcional à importância do litígio, e desta soma usufruirão os dois conselhos.

§ 30 — A estes conselhos estarão subordinados, em cada Civitas, outros conselhos cujos membros não serão nomeados vitaliciamente, mas parcialmente substituídos em cada ano e deverão pertencer aos clãs que habitem essa Civitas. Mas não há necessidade alguma de desenvolver este ponto.

§ 31 — Em tempo de paz a milícia não receberá qualquer pagamento; em tempo de guerra receberá um soldo calculado de maneira a assegurar apenas, a cada militar, a vida cotidiana. Quanto aos comandantes e aos oficiais das coortes, não terão outra retribuição a esperar da guerra senão os despojos ganhos ao inimigo.

§ 32 — Se qualquer estrangeiro contraiu matrimônio com a filha de um cidadão, os seus filhos serão considerados cidadãos e inscritos na lista do clã a que pertence a mãe. Quanto aos que nasceram de pais estrangeiros dentro dos limites do Estado e aí tiverem sido educados, ser-lhes-á permitido comprar o direito de cidadania aos chefes de um clã e serão então inscritos na lista dos membros desse clã. Nenhum prejuízo pode daí resultar para o Estado, mesmo que os chefes de clã, por avidez, tenham consentido em vender o direito de cidadania a um estrangeiro abaixo do preço fixado e aumentado assim o número de cidadãos. Pelo contrário, deve-se procurar aumentar o número de cidadãos e fazer com que a população seja abundante. Quanto às pessoas não indicadas nas listas de cidadãos é justo que, pelo menos em tempo de guerra, forneçam trabalho ou paguem um imposto para compensar a sua inação.

§ 33 — Os embaixadores que, em tempo de paz, forem enviados a outras Civitates para tratar da paz ou de a manter, serão escolhidos apenas entre os nobres, e terão de prover às suas despesas com o tesouro da Civitas e não com o cofre pessoal do rei.

§ 34 — As pessoas que freqüentam a Corte e pertencem à casa do rei, às quais ele paga emolumentos do seu cofre pessoal, deverão ser excluídas de qualquer função ou ofício público. Digo expressamente aqueles que o rei paga do seu cofre particular para não incluir no número os guardas de corpo. Pois não deve haver outros guardas de corpo senão os cidadãos da própria Civitas, que devem vigiar por turnos às portas do rei sem retribuição.

§ 35 — Não se deve fazer guerra senão tendo em vista a paz e, feita esta, devem ser depostas as armas. Quando as Civitates foram conquistadas e o inimigo vencido, é preciso por tais condições de paz que as Civitates tomadas permaneçam sem guarnição, ou então, é necessário conceder ao inimigo por tratado a possibilidade de as resgatar, ou (se a força da sua situação deva inspirar sempre receio) é preciso destruí-las inteiramente e transportar os habitantes para outros lugares.

§ 36 — Não será permitido ao rei tomar por mulher uma estrangeira, mas unicamente qualquer jovem escolhida na sua própria família ou na família de um cidadão; todavia, com a condição de que, se desposa a filha de um cidadão, as pessoas a ela unidas pelo sangue não poderão exercer nenhuma função pública.

§ 37 — O poder deve ser indivisível. Se, portanto, o rei engendrou vários filhos, é ao mais velho, por direito natural, que cabe suceder-lhe. É preciso nunca admitir que a realeza seja partilhada entre eles, nem que permaneça indivisa entre todos ou alguns e, menos ainda, se deve permitir que uma parte do Estado seja dada em dote a uma jovem, pois sob nenhum pretexto as jovens devem herdar do poder.

§ 38 — Se o rei morre sem deixar filhos varões, o seu parente mais próximo será herdeiro do poder, a menos que tenha desposado uma estrangeira, e não queira repudiá-la.

§ 39 — Quanto aos cidadãos, é manifesto, pelo § 5 do capítulo III, que cada um deles deve obedecer a todos os mandamentos do rei, isto é, a todos os éditos promulgados pelo grande conselho (ver a propósito desta condição os §§ 18 e 19 deste capítulo), mesmo quando os julga absurdos, o que a tal pode legitimamente ser constrangido. São estes os princípios fundamentais de um Estado monárquico, as bases sobre as quais deve ser edificado para ser estável, como demonstraremos no capítulo seguinte.

§ 40 — No que respeita à religião, os templos não devem ser construídos à custa das Civitates, nem deve haver leis sobre as crenças, a não ser que sejam sediciosas e destruam os fundamentos da Civitas. Aqueles a quem é dada a liberdade de praticar publicamente um culto religioso, edificarão templos, se o quiserem, a expensas suas. Quanto ao rei, terá na sua corte um templo seu para nele praticar a religião da sua escolha.

CAPÍTULO VII

§ 1 — Depois de ter enunciado os princípios fundamentais de um Estado monárquico, tentei demonstrá-los por ordem e, é preciso notá-lo em primeiro lugar, não é de modo algum contrário aos precedentes que as instituições estejam tão firmemente estabelecidas que o próprio rei não as possa abolir. Os reis da Pérsia eram venerados como deuses e, contudo, não tinham o poder de alterar as leis estabelecidas, como se verifica pelo livro de Daniel, capítulo V. Em parte nenhuma, que eu saiba, o monarca é eleito sem que haja condições expressas impostas ao exercício do poder. Isto, na verdade, não é contrário nem à razão, nem à obediência absoluta devida ao rei, pois os princípios fundamentais do Estado devem ser encarados como decretos eternos do rei, de tal maneira que os seus servidores, na realidade, lhe obedecem quando recusam executar as ordens dadas por ele, porque são contrárias aos princípios fundamentais do Estado. Podemos demonstrar isto claramente pelo exemplo de Ulisses. Os companheiros de Ulisses executavam as suas ordens quando, amarrado ao mastro do navio e seduzido pelo canto das sereias, ele lhes ordenava, ameaçando-os, que o libertassem. E são marca de bom espírito, dada por ele, os agradecimentos que dirigiu mais tarde aos companheiros por terem obedecido à sua vontade inicial. Também os reis se habituaram a dar aos juízes, como instruções, que prestem justiça sem preferências pessoais, nem sequer considerar o próprio rei se, em qualquer caso particular, ele lhes ordenasse algo contrário à lei estabelecida. Os reis, com efeito, não são deuses, mas homens que se deixam freqüentemente seduzir pelo canto das sereias. Se tudo, portanto, dependesse da vontade inconstante de um só, nada haveria de fixo. Um Estado monárquico deve, para ser estável, estar ordenado de tal forma que tudo nele seja feito apenas por decreto do rei, mas não que toda vontade do rei tenha força de lei. (Ver sobre este ponto os §§ 3, 5 e 6 do capítulo precedente.)

§ 2 — É preciso notar, seguidamente, que ao propor estes princípios fundamentais, é necessário tomar na maior conta as paixões às quais estão submetidos os homens; não basta demonstrar o que deveria ser feito, é preciso mostrar o que pode ser feito para que os homens, quer sejam guiados pela razão quer movidos pelas paixões, tenham, contudo, leis bem estabelecidas e fixas. Se os direitos garantidos pelo Estado, isto é, a liberdade pública, não têm outro apoio senão leis sem força, não somente os cidadãos não terão nenhuma segurança para as manter, tal como o demonstramos no § 3 deste capítulo, como essa liberdade estará em risco de perecer. Pois uma coisa é certa: nenhuma condição é mais miserável do que a de uma Civitas — a melhor das Civitates — que começa a ruir, se não cai de uma só vez, e que se precipita na servidão (ainda que isto pareça impossível) e, conseqüentemente, seria muito melhor para os súditos transferir absolutamente todo o seu direito para um só do que estipular condições de liberdade incertas e vãs, isto é, desprovidas de valor, e preparar assim a escravidão para as gerações futuras. Mas, se demonstro que os princípios fundamentais do Estado monárquico, enunciados no capítulo precedente, são sólidos e não podem ser subvertidos senão provocando a indignação da maior parte da população armada, que graças a eles o rei e o povo usufruirão da paz e da segurança, se deduzo a minha demonstração da natureza comum, ninguém poderá duvidar que estes princípios, tal como é evidenciado pelo § 9 do capítulo III e os §§ 3 e 8 do precedente. Que são bem desta natureza, é o que vou demonstrar, tão brevemente quanto possível.

§ 3 — Toda a gente concorda que a função daquele que detém o poder é conhecer sempre a situação do Estado, com a condição de cuidar do bem comum e de fazer o que seja útil à maior parte dos súditos. Como, por outro lado, um só homem não pode abarcar tudo com um olhar, nem ter sempre o espírito igualmente presente e empregá-lo em pensar e, freqüentemente, é impedido pela doença, a velhice e outras causas, de se ocupar dos negócios públicos, é necessário que o monarca tenha conselheiros que conheçam o estado dos negócios, que ajudem o rei com o seu conselho e freqüentemente o substituam. É assim que o Estado ou a Civita conservarão uma mesma alma.

§ 4 — Mas, a natureza humana é de tal modo, que cada um procura sempre com o maior ardor o que é útil a si mesmo, que as leis que julga mais justas são as que crê necessárias à conservação e aumento dos seus bens e que defende a causa de outrem na medida em que pensa através disso tornar firme a sua própria situação. É preciso, conseqüentemente, escolher conselheiros cuja situação e interesses próprios dependam do bem-estar comum e da paz para todos, e é manifesto que se de cada tribo ou classe de cidadãos alguns são designados para fazer parte do conselho isto será útil para a maioria dos súditos, porque disporá no conselho da maioria dos sufrágios. E ainda que este conselho composto de um tão grande número de cidadãos deva compreender, necessariamente, muitos homens incultos, é todavia certo que cada um deles, nos negócios que tenha conduzido com bastante entusiasmo, será suficientemente hábil e avisado. É por isso que se forem apenas designados homens que, até a idade de cinqüenta anos, tenham conduzido os seus próprios negócios honrosamente, estes terão as aptidões requeridas para dar opiniões respeitantes a coisas que os tocam, sobretudo se, nos assuntos importantes, lhes é concedido tempo para reflexão. Acrescenta-se ser necessário que assembléias pouco numerosas não incluam homens incultos; pelo contrário, nestes casos, cada um procura encontrar colegas submissos, dispostos a ouvi-lo, e tal não acontece nas grandes assembléias.

§ 5 — Além disso, é certo que não há ninguém que não goste mais de governar do que ser governado; ninguém cede voluntariamente o comando a outrem, como observa Salústio no primeiro discurso por ele dirigido a César. É evidente, por conseguinte, que a massa da população nunca transferiria o seu direito para um reduzido número de homens, ou para um só, se pudesse concordar consigo mesma, e se as discussões desencadeadas freqüentemente nas grandes assembléias não provocassem sedições. Assim, a massa da população nunca transferirá livremente para um rei senão o que lhe é absolutamente impossível guardar em seu poder, isto é, o direito de pôr fim às discussões e tomar uma decisão rápida. Se acontece, com efeito, que se elege um rei por causa da guerra, por os reis fazerem a guerra com maior êxito, isso é na realidade errado, visto que, para fazer a guerra com mais felicidade, se consente a servidão na paz, admitindo que a paz reine num Estado onde o poder soberano foi confiado a um só unicamente por causa da guerra e porque o chefe demonstra, principalmente na guerra, o seu valor e o que nele há que a todos aproveita, enquanto que um Estado democrático tem sobretudo de notável que o seu valor é bastante maior em tempo de paz que em tempo de guerra. Mas, seja qual for a razão pela qual um rei é eleito, ele não pode sozinho, como já dissemos, saber o que é útil ao Estado e, como demonstramos no parágrafo precedente, é necessário que tenha como conselheiros um número bastante grande de cidadãos. Como não podemos conceber que, surgindo um problema, haja uma solução que escape a um tão grande número de homens, deduz-se que, além das opiniões transmitidas ao rei, não se pode conceber nenhuma de natureza a assegurar a salvaguarda do povo. E assim, como o bem-estar do povo é a lei suprema, isto é, o mais alto direito do rei, vê-se que o direito do rei é de escolher uma das opiniões apresentadas no conselho, mas não de decidir algo contra o pensamento de todo o conselho, nem de emitir ele próprio uma opinião (ver o § 25 do capítulo precedente). Mas, se todas as opiniões apresentadas no conselho fossem submetidas ao rei, poderia acontecer que o rei desse sempre vantagem às pequenas civitas, dispondo de um reduzido número de sufrágios. Ainda que, com efeito, legalmente as opiniões devem ser comunicadas sem os nomes dos seus defensores, nunca se poderá evitar, apesar das precauções tomadas, que haja fugas. É preciso, portanto, decidir, conseqüentemente, que a opinião que não tiver obtido pelo menos cem sufrágios será tida como nula e as civitates mais importantes deverão defender esta regra de direito com todas as suas forças.

§ 6 — Se eu não me preocupasse em ser breve demonstraria aqui as outras grandes vantagens deste conselho; indicarei uma única que me parece ser da mais alta importância. Nada excita mais a virtude do que a esperança a todos permitida de atingir as maiores honras, pois todos somos movidos principalmente pelo amor da glória, tal como o demonstrei na minha *Ética*.

§ 7 — Não se pode contestar que a maioria deste conselho nunca terá o desejo de fazer a guerra mas, pelo contrário, terá um grande zelo pela paz e a preferirá sempre. Com efeito, além de se temer sempre que a guerra provoque a perda dos bens e da liberdade, ela exige novas despesas, e os membros do conselho sabem que os filhos e próximos, ocupados com os seus próprios negócios, serão obrigados a aplicar-se ao ofício das armas e partir para combate, o que nada lhes trará senão cicatrizes gratuitas. Eu disse, com efeito, no § 31 do capítulo precedente, que nenhum soldo poderá ser dado aos homens da milícia e, no § 11 do mesmo capítulo, disse que esta milícia só deve ser formada por cidadãos.

§ 8 — Uma outra disposição de grande importância contribui para a paz e a concórdia: é que nenhum cidadão possua bens fixos (ver o § 12 do capítulo precedente). Donde se segue que na guerra o perigo é mais ou menos o mesmo para todos: todos, com efeito, se entregarão ao comércio, esperando-o lucrativo, ou emprestarão uns aos outros, sobretudo se, como outrora entre os atenienses, houver uma lei que proíba emprestar dinheiro a outros que não os habitantes da Civitas. Desta maneira, os negócios tratados estarão todos ligados uns aos outros, e serão precisas as mesmas medidas para que possam prosperar; os membros do conselho terão na maioria interesses concordantes e, com respeito às artes da paz, um mesmo pensamento, pois, como dissemos no § 4 deste capítulo, cada um defende a causa de outrem na medida em que crê, assim, consolidar a própria situação.

§ 9 — Não há dúvida de que ninguém conceberá jamais o pensamento de corromper o conselho com presentes. Pois se, entre um tão grande número de homens, houvesse um ou dois capazes de se deixar conquistar, esta fraqueza não teria conseqüências, visto que, como dissemos, uma opinião que não reúna pelo menos cem sufrágios é afastada.

§ 10 — Que, por maior que seja o número de membros do conselho, uma vez estabelecido, não possa ser reduzido o seu número, é o que veremos sem esforço, se considerarmos as paixões comuns aos homens. Todos são sensíveis à glória e não há ninguém que, saudável, não espere prolongar a vida até à velhice. Se, portanto, fizermos o cálculo dos que efetivamente atingiram os cinqüenta e os sessenta anos e tomarmos em conta o grande número de membros do conselho a eleger todos os anos, veremos que, entre os que estão sob as armas, quase não há um único que não possa esperar elevar-se a tal dignidade. Conseqüentemente, todos defenderão tanto quanto puderem uma regra que sirva à sua ambição. É preciso observar, com efeito, que é fácil opor-se à corrupção quando esta não se infiltra pouco a pouco; por outro lado, é mais fácil conseguir, porque excita menos inveja, que em cada clã seja eleito um número mínimo de cidadãos, e não que esta redução afete apenas um pequeno número de clãs, e que este ou aquele sejam excluídos; portanto (§ 15 do capítulo precedente), o número dos conselheiros não pode ser diminuído senão de um terço, um quarto ou um quinto. Tal modificação é importante e contrária ao curso comum das coisas. Não é de recear também que haja atraso ou negligência nas eleições, pois que, em semelhante caso, o próprio conselho resolve a situação (ver o § 15 do capítulo precedente).

§ 11 — O rei, portanto, quer porque receie a massa da população ou queira a adesão da maioria dos cidadãos armados, quer porque, por generosidade, tenha em vista o bem público, dará força de lei à opinião que obtiver a maioria dos sufrágios, isto é (§ 7 deste capítulo), a que mais conforme seja com o interesse majoritário, e esforçar-se-á por aliar, tanto quanto possível, os dissidentes, de forma a ser seguido por todos. Empregará toda a sua força nesta tarefa, a fim de que as populações conheçam por experiência, em tempo de paz como em tempo de guerra, que serviço podem esperar dele, e apenas dele. Será portanto mais senhor de si mesmo e o seu poder tanto maior quanto maior for o seu cuidado do bem comum.

§ 12 — O rei sozinho não pode efetivamente manter todos os cidadãos sob o medo; se o seu poder, como dissemos, assenta no número de soldados e, mais ainda, no seu valor e fidelidade, tal fidelidade é sempre constante quando estão ligados por uma necessidade comum, seja ou não honrosa. Daí o costume que têm os reis de usar mais de estimulantes que de constrangimento em relação aos soldados, de ser mais indulgentes relativamente aos seus vícios que às virtudes e, na maior parte do tempo, de procurar, para dominar os melhores, os homens preguiçosos e corrompidos, de os distinguir, de lhes conceder dinheiro e favores, de lhes apertar a mão, de os afagar e, por desejo de dominar, de multiplicar os sinais de servilismo. Portanto, para que os cidadãos sejam colocados em primeiro lugar pelo rei, e para que se mantenham tão senhores de si mesmos quanto lhes permite o estado civil ou a eqüidade, é necessário que a força armada seja composta apenas por eles e que sejam só eles a entrar nos conselhos. Pelo contrário, ficarão inteiramente subjugados e serão estabelecidos princípios de guerra perpétua, logo que se permita a introdução de soldados mercenários cujo ofício é a guerra e cuja força aumenta na discórdia e nas sedições.

§ 13 — Porque é necessário que os conselheiros do rei não sejam eleitos vitaliciamente, mas por três, quatro, ou cinco anos no máximo, é o que resulta claramente tanto do § 10 deste capítulo, quanto do que dissemos no § 9 do mesmo. Se fossem eleitos por toda a vida, em primeiro lugar a maior parte dos cidadãos não teria qualquer esperança de atingir tal honra e haveria assim grande rivalidade entre os cidadãos, de onde resultariam ódios, protestos e finalmente sedições, que na verdade o rei, ávido de dominar, veria sem desprezar; além disso, os conselheiros em exercício, não tendo já sucessores a recear, tomariam todas as liberdades e o rei não se lhes oporia. Pois quanto mais malvistos fossem pelos cidadãos, mais se apertariam em torno do rei e maior inclinação teriam para o adular. E mesmo um período de cinco anos parece já demasiado, pois durante este lapso de tempo não é impossível que uma grande parte do conselho (por numeroso que seja) se deixe conquistar por presentes ou favores e, por esta razão, seria mais seguro que todos os anos dois de cada clã se retirem e sejam substituídos por outros (já que, pelo menos, cada clã deve ter cinco representantes no conselho); no ano em que uma personalidade pertencente a um dos clãs se retirasse, nomear-se-ia outra em seu lugar.

§ 14 — Em nenhuma outra Civitas, senão a que estiver assim organizada, o rei pode esperar mais segurança. Além de que, com efeito, um rei que os seus próprios soldados já não querem defender cedo perece, pois é certo que um rei está exposto aos maiores perigos através daqueles que dele estão mais próximos. Quanto menor, portanto, for o número dos conselheiros e mais poderosos forem, por conseqüência, maior será para o rei o perigo de eles transferirem o poder para outro. Nada atemorizou tanto Davi quanto ver o seu conselheiro Aquitofel tomar partido por Absalão. Acresce que se todo o poder fosse dado absolutamente a um só, seria bem mais fácil transferi-lo para outro. Dois manipulários tentaram colocar à frente do Império Romano um novo imperador e conseguiram-no (Tácito, *Histórias*, Livro I). Passo em silêncio os artifícios e as tricas dos conselheiros, contra os quais os reis se devem precaver, para não serem sacrificados à inveja; tais coisas são bastante conhecidas e quem ler as narrações dos historiadores não pode ignorá-las. A lealdade dos conselheiros causou freqüentemente a sua perda e, se querem defender-se, devem ser astuciosos, não fiéis. Se todavia os conselheiros são demasiado numerosos para poderem concordar numa intenção criminosa, se estão todos ao mesmo nível e não permanecem em funções senão quatro, nunca poderão ameaçar o rei com perigo verdadeiro, a menos que este tente roubar-lhes a liberdade, o que seria um atentado contra todos os cidadãos. Tal como observa Ant. Perez com grande razão, nada é mais perigoso para o Príncipe do que querer estabelecer um poder absoluto, odioso para os súditos e contrário a todas as leis divinas e humanas, como o demonstram inúmeros exemplos.

§ 15 — Os outros princípios que expusemos no capítulo precedente são, como o faremos ver no devido lugar, de natureza a gerar para o rei uma grande segurança quanto ao seu poder e, para os cidadãos, a manutenção da liberdade e da paz. Quis demonstrar em primeiro lugar as verdades que respeitam ao conselho supremo porque são as que têm mais peso; agora vou estabelecer as outras na ordem em que as enunciei.

§ 16 — Está fora de dúvida que os cidadãos são tanto mais poderosos e, conseqüentemente, tanto mais senhores de si mesmos, quanto maiores e mais fortes cidades têm;

quanto mais seguro é efetivamente o lugar que habitam, melhor podem preservar as suas liberdades contra um inimigo exterior e menos têm a recear de um inimigo interior. É também certo que os homens cuidam mais da sua segurança quanto mais poderosos são pelas suas riquezas. Se as cidades têm necessidade, para se manter, de um poder que não seja o seu próprio, não haverá igualdade de direito entre elas e o detentor desse poder; ficarão na dependência deste último, na medida em que têm necessidade do poder. Pois o direito, como demonstramos no capítulo II, mede-se unicamente através do poderio.

§ 17 — É por esta mesma razão, para que os cidadãos permaneçam senhores de si próprios e preservem a sua liberdade, que a força armada deve ser composta apenas por cidadãos e por todos sem exceção. Um homem armado, com efeito, é mais senhor de si mesmo do que um homem desarmado (ver o §12 deste capítulo), e os cidadãos transferem absolutamente o seu direito a um outro e entregam-se inteiramente à sua lealdade, quando lhe deixam as suas armas e lhe confiam a defesa das cidades. A isto junta-se a avidez humana, móbil da maioria dos homens: não pode acontecer que um soldado auxiliar seja contratado sem grande preço e os cidadãos terão dificuldade em suportar o encargo de um exército em descanso. Todos os que leram as narrativas dos historiadores, quer profanos, quer sagrados, sabem que não se deve nomear por mais de um ano o chefe do exército ou de uma parte notável do exército, salvo necessidade absoluta. E a razão nada ensina mais claramente. Por certo dispõe inteiramente da força do Estado aquele a quem se dá o tempo de adquirir a glória militar, de erguer o seu próprio nome acima do rei, de ligar a si o exército por meio de benevolências, liberalidade e por outros procedimentos habituais aos generais que procuram escravizar os outros e estabelecer o seu próprio domínio. Enfim, acrescentarei que, para dar mais segurança a todo o Estado, os grandes chefes deverão ser escolhidos entre os conselheiros do rei, ou aqueles que tiverem exercido estas funções, isto é, entre os homens chegados a uma idade em que, quase sempre, se prefere uma ordem de coisas antiga e segura a uma ordem nova e perigosa.

§ 18 — Disse que os cidadãos deveriam estar divididos em clãs e que cada um deles deveria nomear o mesmo número de conselheiros, a fim de que as cidades mais importantes tenham mais representantes, sendo o número de cidadãos maior e possam, como é justo, dispor cada vez de mais votos. Pois a capacidade de comando e, conseqüentemente, o direito, devem medir-se pelo número. Não creio que se possa encontrar um melhor meio de conservar a igualdade entre os cidadãos; todos, com efeito, estão dispostos a ligar-se aos da sua raça e a distinguir-se dos outros pela sua origem.

§ 19 — No estado natural não há nada que cada um menos possa defender e de que menos possa assegurar a possessão do que o solo e tudo o que a ele se liga, isto porque não se pode transportar nem esconder. O solo, portanto, e tudo o que está ligado ao solo, nas condições que acabam de ser indicadas, é acima de tudo propriedade da Civitas, isto é, propriedade daqueles que, unindo as suas forças, podem defendê-lo, ou daquele que tem esse poder porque lhe foi transferido por um acordo comum. Por conseqüência, o solo e o que está ligado ao solo deve ter aos olhos dos cidadãos um preço que se mede pela necessidade em que se encontram de dispor dele para terem um lugar onde se fixar e poderem defender os seus direitos comuns, isto é, a sua liberdade. Demonstramos, aliás, que vantagens é necessário que a Civitas tire desta propriedade em comum no § 8 deste capítulo.

§ 20 — Para que os cidadãos sejam iguais tanto quanto possível, é preciso que sejam considerados nobres apenas os descendentes do rei. Mas se fosse permitido a todos os descendentes do rei tomar mulher e procriar filhos, com o decorrer do tempo o seu número iria sempre crescendo e eles seriam para o rei e para todos não só um encargo, mas um perigo dos mais temíveis. Com efeito, os homens que vivem na ociosidade premeditam geralmente crimes. Daí a conseqüência que a existência dos nobres é para o rei uma razão muito poderosa para fazer a guerra: os reis tiram mais segurança e sossego quando há abundância de nobres, como da guerra tiram que da paz. Mas abandono aqui este assunto suficientemente conhecido, que aliás tratei nos §§ de 15 a 27 do capítulo precedente: os pontos principais estão demonstrados no presente capítulo e os outros são por si mesmos manifestos.

§ 21 — Também é conhecido por todos que os juízes devem ser suficientemente numerosos para que um particular não possa conquistar com presentes a maioria deles, que eles devem exprimir a sua opinião, não publicamente, mas por escrutínio secreto e que lhes é devida uma remuneração pelos seus serviços. Porém, o costume é atribuir-lhes uma remuneração anual, de onde resulta que não põem pressa alguma em terminar os processos e que freqüentemente os debates nunca acabam. Além disso, quando o confisco dos bens pelo Estado serve para aumentar os recursos dos reis, não é o direito e a virtude que importam, mas a grandeza das riquezas; multiplicam-se então as delações e os mais ricos tornam-se presa, abuso grave e intolerável que as necessidades militares desculpam, mas que subsiste mesmo na paz. Por outro lado, a avidez dos juízes nomeados por dois ou três anos é moderada pelo receio que têm dos seus sucessores, para já não falar do fato de que os juízes não podem possuir bens fixos mas devem, para aumentar os haveres, confiar o seu dinheiro a concidadãos e são obrigados, assim, mais a cuidar deles do que a estender-lhes armadilhas, sobretudo se forem numerosos.

§ 22 — Dissemos que era necessário não dar qualquer retribuição à milícia: a mais alta recompensa da milícia é a liberdade. No estado natural cada um procura defender-se tanto quanto pode apenas por causa da liberdade e não espera da sua coragem na guerra outra recompensa senão ser dono de si mesmo; no estado civil, o conjunto dos cidadãos deve, portanto, ser considerado como um só homem no estado natural, e enquanto os cidadãos defendem este estado civil pelas armas é a si próprios que defendem e de si próprios que cuidam. Os conselheiros, os juízes, os magistrados, trabalham para os outros mais do que para si mesmos, e é por isso que é justo conceder-lhes uma retribuição. Acrescentamos que na guerra não pode haver aguilhão para a vitória mais honroso e maior do que a visão da liberdade. Se, pelo contrário, apenas uma parte dos cidadãos fosse designada para a milícia, o que tornaria necessária a atribuição aos militares de um soldo, o rei distingui-los-ia inevitavelmente dos outros (demonstramo-lo no §12 deste capítulo), isto é, colocaria em primeiro lugar os homens versados apenas nas artes da guerra e que na paz são corrompidos pela ociosidade e, por motivo da insuficiência dos seus recursos, não pensam senão em rapinas, discórdias civis e na guerra. Podemos, portanto, afirmar que a monarquia seria nestas condições, na realidade, um estado de guerra, que apenas os militares nele gozariam de liberdade e que os outros seriam escravos.

§ 23 — Creio ser evidente o que foi dito no § 32 do artigo precedente, sobre a admissão de estrangeiros no número de cidadãos. Penso, além disso, que ninguém duvida de que aqueles que são próximos do rei pelo sangue devem ser mantidos longe dele e afastados dos negócios, não da guerra, mas da paz. É uma honra para eles e uma tranqüilidade para o Estado. Mesmo isto, todavia, não pareceu suficiente aos déspotas turcos para quem é coisa sagrada matar os irmãos. Nada de espantoso nisto; quanto mais absoluto é o direito transferido ao monarca, mais facilmente (demonstramo-lo no § 14 deste capítulo) este direito pode passar para um outro. Não há dúvida, em contrapartida, que na monarquia, tal como a concebemos, onde não há soldados mercenários, existem, para salvaguarda do rei, seguranças suficientes.

§ 24 — Sobre os princípios enunciados nos §§ 34 e 35 do capítulo precedente, não pode haver contestação. É fácil demonstrar que o rei não deve fazer sua mulher uma estrangeira. Além de que duas Civitates, mesmo ligadas entre si por um tratado, estão todavia em estado de hostilidade uma em relação à outra (§14 do capítulo III), deve recear-se sobretudo que o rei seja levado à guerra por um interesse de família. Como as discussões e as querelas têm por origem principal esta espécie de sociedade que é o matrimônio e os conflitos entre duas Civitates terminam quase sempre pela guerra, deduz-se que um Estado corre para a sua perda quando contrai com outro uma união estreita. Um grande exemplo deste mal lê-se na Escritura: quando da morte de Salomão, que tomara por mulher a filha do rei do Egito, o seu filho Reboão teve de sustentar uma guerra muito infeliz contra Susac, rei do Egito, pelo qual foi inteiramente vencido. O casamento de Luís XIV, rei de França, com a filha de Filipe IV, foi a origem de uma nova guerra, e encontra-se nas narrativas dos historiadores um grande número de outros exemplos.

§ 25 — A forma do Estado deve permanecer a mesma e, por conseqüência, o rei deve ser único, sempre do mesmo sexo, e o poder deve ser indivisível. Quanto ao que eu disse, que o filho mais velho do rei lhe devia suceder, ou, se não tem filhos, o mais próximo parente do rei, é o que se deduz claramente, tanto do §13 do capítulo precedente, quanto da consideração de que a eleição do rei, desejada pela massa, deveria ser eterna se fosse possível. De outro modo, acontecerá necessariamente que o poder soberano passe à massa da população, modificação que é a maior possível e, por isso, muito perigosa. Quanto àqueles que julgam que o rei, porque é o senhor do Estado, e porque tem sobre ele um direito absoluto, pode transmitir o poder a quem lhe agrade e escolher quem quiser para sucessor, e que, portanto, o seu filho seria por direito o herdeiro do poder, enganam-se com certeza. A vontade do rei não tem força de lei senão enquanto ele possui o gládio da Civitas, pois o direito de comando mede-se apenas pela capacidade do poder. O rei pode, portanto, na verdade, abdicar, mas não transmitir o seu poder a outro, senão com o consentimento da população ou da sua maior parte. Para melhor entender este ponto é preciso observar que os filhos herdam dos pais, não em virtude do direito natural, mas em virtude do direito civil. Com efeito, só a Civitas pode fazer com que cada um seja dono de certos bens; é por isso que, pelo mesmo poder, isto é, em virtude do direito civil que permite a alguém dispor consoante a sua vontade dos seus bens, acontece que, morto este alguém, tanto quanto a

Civitas subsiste, a sua vontade permanece. Desta maneira, cada um no estado civil conserva após a morte o direito que tinha, enquanto vivo, de dispor dos seus bens, mas isto não pelo seu próprio poder, mas pelo da Civitas, que é eterno. A condição do rei é inteiramente diferente: a vontade do rei é a lei da Civitas, e o rei é a própria Civitas. Quando o rei morre, a Civitas morre também de certa maneira e, por conseguinte, o poder soberano retorna naturalmente à massa da população, que tem o direito de estabelecer leis novas e de revogar as antigas. Vê-se, assim, que o rei não tem sucessor de direito senão aquele que a população quer, ou, numa teocracia tal como outrora a Civitas dos hebreus, aquele que Deus designa por meio de um profeta. Poderíamos ainda deduzir isto do fato de que o gládio do rei, isto é, o seu direito, é, na realidade, a vontade da população, ou da sua maior parte. E, ainda, que os homens dotados da razão nunca abandonam o seu direito a tal ponto que deixem de ser homens e se tornem semelhantes a gado. Mas não há necessidade alguma de desenvolver mais estas considerações.

§ 26 — Ninguém pode transferir para outro o direito de ter uma religião, isto é, de venerar Deus. Mas já tratamos amplamente deste ponto nos dois últimos capítulos do *Tratado Teológico-Político*, e é inútil voltar aqui ao assunto. Penso ter demonstrado bastante claramente, ainda que brevemente, os princípios fundamentais da melhor monarquia. Quanto ao acordo destes princípios em si, ou à conformidade do Estado consigo mesmo, quem quiser examinar estes princípios com alguma atenção, convencer-se-á da sua coerência. Não me falta senão advertir que estou concebendo aqui uma monarquia instituída por uma população livre, e que só para uso desta população são tais princípios; uma população habituada a uma outra forma de poder não poderá, sem grande risco de agitação, pôr em causa as próprias bases de todo o Estado e alterar toda a sua estrutura.

§ 27 — Talvez este escrito seja acolhido pelo riso daqueles que restringem à plebe os vícios inerentes a todos os mortais: que na plebe não há medida; que é temível se não teme; que é um escravo humilde ou uma dominadora; que não há, para ela, verdade; que é incapaz de julgar etc. A natureza, digo eu, é a mesma para todos e comum a todos. Mas nós nos deixamos enganar pelo poder e o requinte. Daí esta conseqüência: agindo dois homens da mesma maneira, dizemos que o que era permitido a um, não o era a outro; os atos não são diferentes, mas os agentes sim. A soberba é natural no homem. Uma nomeação por um ano basta para dar orgulho aos homens; que acontecerá com os nobres que pretendem honras perpétuas? Mas a sua arrogância reveste-se de fausto, de luxo, de prodigalidade, de um certo conjunto de vícios, de uma espécie de sábio despropósito e de uma elegante imoralidade, tal como de outros vícios que, considerados separadamente, surgem em toda sua odiosidade e na sua ignomínia, parecendo às pessoas ignorantes e de parco juízo ter um certo brilho. É no vulgar, em geral, que não há medida; é temível quando não teme; a escravidão e a liberdade dificilmente se casam. Não é de admirar, enfim, que para a plebe não haja verdade e que ela não tenha capacidade de juízo, visto que os maiores negócios do Estado são tratados fora dela e que ela não tem qualquer meio de saber nada, à parte alguns indícios que é impossível dissimular. É coisa rara, com efeito, ser capaz de prorrogar os juízos. Portanto, querer tratar de todos os negócios com desconhecimento dos cidadãos e pedir ao mesmo tempo que estes não estabeleçam sobre eles falsos juízos, que não interpretem erradamente os acontecimentos, é pura loucura. Se a plebe fosse capaz de se moderar, de prorrogar os seus juízos sobre as coisas que conhece muito pouco, e de julgar retamente sobre os indícios pouco numerosos que possui, mereceria mais governar do que ser governada. Mas, dissemo-lo já, a natureza é sempre a mesma. São todos os homens que a dominação orgulha que são temíveis quando não temem; em toda a parte é deformada por aqueles que estão irritados ou culpados, sobretudo quando o poder pertence a um só ou a um pequeno número e quando nos processos se respeita mais, não o reto nem o verdadeiro, mas a grandeza das riquezas.

§ 28 — Os militares estipendiados, isto é, obrigados à disciplina, sabendo suportar o frio e a fome, habituaram-se a desprezar a multidão dos cidadãos, muito inferior a eles quando se trata de ir ao assalto ou combater em campo aberto. Mas, que esta inferioridade seja uma infelicidade para o Estado ou uma causa de fragilidade, ninguém com a alma sã o afirmará. Pelo contrário, quem julgar com eqüidade reconhecerá que o Estado mais sólido é aquele que pode defender os seus bens, e não ambicionar os bens alheios, porque se esforçará por todos os meios por evitar a guerra e manter a paz.

§ 29 — Reconheço, aliás, que não é muito possível manter secretos os desígnios de semelhante Estado. Mas todos devem reconhecer comigo que mais vale que o inimigo conheça os desígnios honestos de um Estado do que permaneçam ocultos aos cidadãos os maus desígnios de um déspota. Os que podem tratar secretamente dos negócios do Estado têm-no inteiramente em seu poder e, em tempo de paz, estendem armadilhas aos cidadãos, como as estendem ao inimigo em tempo de guerra. Que o silêncio seja freqüentemente útil ao Estado, ninguém o pode negar; mas ninguém provará também que o Estado não pode subsistir sem o segredo. Entregar a alguém sem reserva a coisa pública e preservar a liberdade é completamente impossível e é loucura querer evitar um mal ligeiro para admitir um grande mal. O mote daqueles que ambicionam o poder absoluto foi sempre que é do interesse da Civitas que os seus negócios sejam tratados secretamente, e outras sentenças do mesmo gênero. Quanto mais estes se cobrem com o pretexto da utilidade, mais perigosamente tendem a estabelecer a escravidão.

§ 30 — Apesar de que nenhum Estado, que eu saiba, tenha tido as instituições aqui expostas, poderíamos demonstrar, mesmo pela experiência, que esta forma da monarquia é a melhor, se quisermos considerar as causas que asseguraram a conservação de um Estado não-bárbaro e as que levaram à sua queda. Mas, não poderia fazer isto sem infligir um grande aborrecimento ao leitor. Citarei, portanto, um único exemplo, na minha opinião digno de memória: o Estado dos Aragoneses, que foram fidelíssimos ao rei e mantiveram sem violação as instituições do reino. Depois de se terem liberado do jugo dos mouros, decidiram eleger um rei; todavia, não estando de acordo entre eles sobre as condições a estabelecer, resolveram consultar a este respeito o Soberano Pontífice Romano. Este último, representando no caso o papel de vigário de Cristo, reprovou quererem obstinadamente um rei sem tomar em consideração o exemplo dos hebreus. Se, todavia, se recusassem a mudar de opinião, aconselhou-os a não eleger rei sem terem estabelecido regras justas de acordo com o caráter da raça e, em primeiro lugar, a criar um conselho supremo que pudesse opor-se ao rei, como os éforos em Esparta, e que tivesse o direito absoluto de regular os litígios que pudessem surgir entre o rei e os cidadãos.

Seguiram este conselho, instituíram as leis que lhes pareceram mais justas e cujo intérprete supremo não era o rei, mas o conselheiro chamado dos Dezessete, cujo presidente usava o nome Justizia. Este presidente Justizia, portanto, e os dezessete nomeados vitaliciamente, não por sufrágios, mas pela sorte, tiveram o direito absoluto de revogar e anular todas as sentenças dadas contra qualquer cidadão por outros conselhos civis e eclesiásticos, ou pelo próprio rei, de tal modo que qualquer cidadão podia chamar o rei perante este Tribunal. Os aragoneses tinham, além disso, outrora, o direito de eleger o rei e de o depor. Mas depois de muitos anos, o rei Dom Pedro, cognominado Punhal, através de intrigas, liberalidades, promessas, obteve finalmente que este direito fosse abolido (logo que o obteve, amputou-se ou, o que me parece mais provável, feriu-se na mão com um punhal, dizendo que não era permitido aos súditos eleger um rei sem derramar o sangue real). Com esta condição, todavia, os cidadãos poderiam, em qualquer altura, tomar as armas contra quem quisessem, pela violência usurpar o poder em seu detrimento, contra o próprio rei ou o príncipe herdeiro, se tentassem semelhante usurpação. Estipulando esta condição, pode-se dizer que aboliram menos do que corrigiram o direito anterior. Pois, como demonstramos nos §§ 5 e 6 do capítulo IV, é pelo direito de guerra, não pelo direito civil, que o rei pode ser privado do seu poder; à sua violência os súditos não podem resistir senão pela violência. Outras condições ainda, além desta, foram estipuladas. Defendidos por estas regras, instituídas por consenso comum, não tiveram de suportar durante um tempo incrível nenhuma violação e a fidelidade dos súditos ao rei, como a do rei aos súditos, nunca se desmentiu. Mas quando Fernando, o primeiro, que foi chamado rei católico, tornou-se herdeiro do reino de Castela, esta liberdade dos aragoneses foi vista com muito maus olhos pelos castelhanos, que não cessavam de pedir a Fernando para abolir estes direitos. Mas ele, que não estava ainda habituado ao poder absoluto, nada ousou tentar e respondeu aos conselheiros: "Além de que aceitei reinar sobre os aragoneses em condições que conheci e que, através dos mais solenes juramentos, prometi manter, e além de que é indigno de um homem faltar à fé jurada, tenho a idéia de que o meu reinado será estável tanto tempo quanto os súditos gozarem de uma igual segurança e houver equilíbrio entre o rei e os súditos. Se uma das duas partes, pelo contrário, se torna mais poderosa, a outra, tornada mais fraca, não somente não poderá recuperar a igualdade mas esforçar-se-á por fazer apagar à outra parte o mal sofrido e seguir-se-ia a ruína de uma das duas ou das duas ao mesmo tempo". Eu não conseguiria admirar suficientemente estas palavras se elas tivessem sido ditas por um rei habituado a reinar sobre escravos, não sobre homens livres. Os aragoneses conservaram portanto as suas liberdades após Fernando, já não em virtude de um direito, mas por graça de reis poderosos até Filipe II. Este último oprimiu-os, na verdade com mais êxito, mas com tanta crueldade quanto às Províncias-Unidas. E ainda que Filipe III tenha parecido restabelecer a antiga ordem, os aragoneses, na maioria submetidos aos poderosos pela cupidez (é loucura expor a carne crua à espora), os outros pelo terror, nada guardaram senão vãs fórmulas de liberdade e ilusórias cerimônias.

§ 31 — A nossa conclusão será, portanto, a de que o povo pode conservar sob um rei uma ampla liberdade, desde que o poder do rei tenha por medida o poder do próprio povo e não tenha outra proteção senão o povo. É a única regra que segui ao definir os princípios fundamentais do Estado monárquico.

CAPÍTULO VIII

Que o Estado aristocrático deve compreender um grande número de patrícios; de sua superioridade; donde se aproxima mais do que o monárquico do Estado absoluto e por esta razão convém à manutenção da liberdade.

§ 1 — Tratamos até aqui do Estado monárquico. Vamos agora dizer como deve ser instituído um Estado aristocrático para poder manter-se. Chamamos-lhe aristocrático porque o poder pertence não a um só, mas a alguns, escolhidos na massa da população e a quem, doravante, chamaremos patrícios. Digo expressamente *escolhido*, porque aí reside a principal diferença entre Estado aristocrático e Estado democrático. No Estado aristocrático o direito de tomar parte do governo depende apenas da escolha, enquanto que numa democracia é um direito que se tem de nascença ou advindo da sorte (como, em lugar próprio, diremos). E assim, mesmo quando num Estado o povo inteiro seja admitido no patriciado, visto que não se trata de um direito hereditário nem de um direito que se transmite a outros em virtude de qualquer lei geral, o Estado permanece aristocrático, pois ninguém é admitido no número dos patrícios a não ser em virtude de uma escolha expressa. Ora, se os patrícios fossem apenas dois, um deles esforçar-se-ia por ser mais poderoso que o outro e o Estado, em virtude do excessivo poder de qualquer deles, ficaria dividido em duas partes, ou três, ou quatro, ou cinco, se os detentores do poder fossem quatro ou cinco.

Mas, as partes seriam tanto mais fracas, quanto maior o número dos compartícipes. Segue-se que é necessário, num Estado aristocrático, para que seja estável, um número mínimo de patrícios, número a determinar tendo em conta, necessariamente, a magnitude do Estado.

§ 2 — Suponhamos então que num Estado de medíocre grandeza haja cem homens superiores aos outros, aos quais todo o poder é entregue e a quem cabe, por conseqüência, eleger, quando um deles falece, o colega no patriciado. Quererão por todos os meios fazer com que os filhos ou parentes lhes sucedam; o poder pertencerá, portanto, sempre àqueles que, por sorte feliz, são filhos ou parentes de patrícios. Ora, em cem homens que, por fortuna, atingiram as honras, encontram-se com dificuldade três homens de valor, eminentes pelo talento e lucidez de espírito. Acontecerá então, que o poder pertencerá, não a cem pessoas, mas a três que, superiores em vigor de espírito, obterão tudo para si, e cada um deles, em virtude da ambição natural ao homem, poderá abrir caminho para a monarquia. Assim, se o nosso cálculo é justo, é necessário num Estado cuja grandeza exige pelo menos cem homens superiores, que o número de patrícios seja de cinco mil no mínimo. Desta maneira, com efeito, jamais se deixará de encontrar cem homens eminentes pelo espírito, supondo que, em cinqüenta que disputam as honras e as obtêm, haja sempre um que não cede perante os melhores, além de que outros imitarão as virtudes dos melhores e, conseqüentemente, serão igualmente dignos de governar.

§ 3 — É habitual que os patrícios sejam todos da mesma cidade que é a capital do Estado e dê, assim, o seu nome à Civitas ou à República, como foi o caso para Roma outrora e é hoje para Veneza, Gênova etc. A República da

Holanda, contrariamente, tira o seu nome da província inteira e, daí, para os súditos deste Estado, uma liberdade maior. Antes de poder determinar os princípios fundamentais sobre os quais deve assentar um Estado aristocrático, é preciso notar a diferença que há entre um poder transferido para um só e o que é entregue a uma assembléia bastante numerosa. Esta diferença é muito grande. Em primeiro lugar, com efeito, o poder de um só é bem incapaz de bastar para a manutenção de todo o Estado, como dissemos no §1 do capítulo precedente. Não se pode, sem manifesto absurdo, dizer o mesmo de uma assembléia, desde que seja bastante numerosa: com efeito, quem diz que uma assembléia é bastante numerosa afirma, assim, que essa assembléia é capaz de manter o Estado. Um rei, portanto, tem uma necessidade absoluta de conselheiros; uma assembléia não tem, de forma nenhuma, essa necessidade. Além disso, os reis são mortais e as assembléias perpetuam-se indefinidamente; portanto, o poder de uma assembléia permanece constante. Em quarto lugar, a vontade de um homem é variável e incerta e, por essa razão, numa monarquia, qualquer lei é bem uma vontade expressa do rei (vimo-lo no §1 do capítulo precedente), mas qualquer vontade do rei não deve ter força de lei; não se pode dizer isto de uma assembléia suficientemente numerosa. Com efeito, visto que a assembléia (acabamos de o demonstrar) não tem nenhuma necessidade de conselheiros, é preciso necessariamente que qualquer vontade expressa por ela tenha força de lei. Concluímos, portanto, que o poder conferido a uma assembléia suficientemente numerosa é absoluto, ou aproxima-se muito desta condição. Se existe um poder absoluto, não pode ser senão o que o povo inteiro possui.

§ 4 — Visto que o poder detido por uma aristocracia nunca retorna à massa do povo (como acabo de demonstrar), mas que qualquer vontade da assembléia tem absolutamente força de lei, tal poder deve ser considerado como absoluto e por conseguinte tem os seus fundamentos unicamente na vontade, no juízo da assembléia, não na vigilância da massa da população, pois que esta não penetra nos conselhos e não é chamada a votar. A razão que faz com que na prática o poder não seja absoluto é, portanto, a de que a massa da população permanece temível para os detentores do poder; esta conserva, por conseqüência, uma certa liberdade que não tem expressão legal, mas que nem por isso é menos tacitamente reivindicada e mantida.

§ 5 — Verifica-se, assim, que a condição do Estado aristocrático será melhor se houver instituições tais que ele se aproxime de um Estado absoluto, isto é, que a massa do povo seja tão pouco temível quanto possível e não tenha outra liberdade senão a que, em razão da própria constituição do Estado, lhe deve ser atribuída e que é menos o direito da massa, do que o direito de todo o Estado, direito que defendem e mantêm apenas os superiores. Desta maneira, prática e teoria concordam melhor, tal como se deduz do parágrafo precedente e é evidente; pois não podemos duvidar de que o poder está tanto menos nas mãos dos patrícios, quanto mais direitos a plebe reivindica para si, como é o caso na baixa Alemanha das associações de artesãos chamadas *Gilden* em língua vulgar.

§ 6 — Se um poder absoluto é entregue à assembléia, isso não implica que a plebe tenha a recear a escravidão. Pois a vontade de uma Assembléia suficientemente numerosa será determinada menos pelo apetite do que pela razão: os homens são arrastados em diversos sentidos pelas paixões e não podem ter pensamento dirigente comum senão quando o seu desejo tende para o bem ou, pelo menos, para o que se lhe aparente.

§ 7 — Portanto, na determinação dos princípios fundamentais de um Estado aristocrático, é preciso observar, em primeiro lugar, que eles assentam unicamente na vontade e no poder desta assembléia suprema, em tais condições que a assembléia seja, tanto quanto possível, senhora de si mesma e nada tenha a temer da massa. Para conseguir determiná-los, vejamos quais são os princípios da paz que só se aplicam a um Estado monárquico e são estranhos à aristocracia. Se, com efeito, substituirmos estes princípios, próprios da monarquia, por outros que sejam iguais em solidez e que convenham à aristocracia, e se deixarmos subsistir as outras disposições anteriormente expostas, todas as causas de sedição se encontram incontestavelmente afastadas e o Estado aristocrático não oferecerá menos segurança do que o monárquico; oferecerá mais, pelo contrário, e a sua condição será melhor, na medida em que se aproximará mais do Estado absoluto, sem prejuízo para a paz e a liberdade (ver os §§ 3 e 5 deste capítulo). Com efeito, quanto maior é o direito do soberano, mais a forma do Estado concorda com o ensinamento da razão (§ 5 do capítulo II) e, conseqüentemente, mais se presta à manutenção da paz e da liberdade. Retomemos então os princípios expostos no capítulo VI § 9 para afastar o inaplicável à aristocracia, e vejamos o que lhe é conveniente.

§ 8 — Ninguém pode duvidar que uma Civitas, ou várias civitates, devem em primeiro lugar ser fundadas e fortificadas. Mas devem ser fortificadas, principalmente, a que é capital do Estado e, em seguida, as que estão dentro dos limites do Estado. A que está à cabeça de todo o Estado e cujo direito é maior deve ser mais poderosa que as outras. É, por outro lado, inteiramente inútil que os habitantes estejam divididos em clãs.

§ 9 — Relativamente à força armada, tendo em vista que no Estado aristocrático a igualdade deve ser estabelecida, não entre todos, mas apenas entre os patrícios, e visto sobretudo que o poder dos patrícios sobreleva o da plebe, é certo que as leis ou os direitos fundamentais deste Estado não exigem que unicamente os súditos façam parte da milícia. Mas é necessário que ninguém seja admitido no patriciado sem um conhecimento adequado da arte militar. Quanto a querer, como alguns, que os súditos permaneçam fora do exército, é uma insensatez. Com efeito, além de que o soldo do exército quando é pago aos súditos permanece no país, enquanto que está perdido para ele se é dado a estrangeiros, isto seria enfraquecer a força principal do Estado, pois é certo que se combate com singular virtude, quando se combate *pro aris et focis*. Por aí se vê que não é um pequeno erro que os chefes, os tribunos, os centuriões etc., sejam todos escolhidos só entre os patrícios. Como esperar coragem de soldados aos quais é tirada qualquer esperança de glória e honrarias? Em contrapartida, estabelecer uma lei segundo a qual não seria permitido aos patrícios contratar um soldado estrangeiro quando tal é necessário, seja para a sua defesa e para reprimir as sedições, seja por outra causa, além de não ser inteligente, seria contrário ao direito soberano dos patrícios de que falamos nos §§ 3, 4 e 5 deste capítulo. Quanto ao general em chefe do exército, ou de todas as forças armadas, deve ser nomeado somente em tempo de guerra, ser escolhido unicamente entre os patrícios, não exercer as suas funções de comando senão durante um ano, não poder ser mantido nelas, bem como não poder tornar a ser chamado a elas. Esta regra de direito impõe-se ainda mais num Estado aristocrático do que numa Monarquia. É bastante mais fácil, na verdade, como já dissemos, transferir o poder de um homem para outro, que de uma assembléia livre para um só homem, mas acontece, todavia, freqüentemente, os patrícios serem vítimas dos seus generais e isto com o maior dano para a República. Quando um monarca desaparece, há troca de um déspota por outro, e é tudo, enquanto que numa aristocracia isto não é possível sem a ruína do Estado e o massacre dos homens mais notáveis. Roma deu desta espécie de revoluções os mais tristes exemplos. Por outro lado, a razão pela qual, ao tratar da monarquia, dissemos que a força armada devia servir sem retribuição, já não se aplica. Dado que os súditos não penetram nos Conselhos e não são chamados a votar, devem ser considerados como estrangeiros e é preciso que não sejam mais maltratados do que estrangeiros contratados para o exército. E não há que temer que sejam distinguidos e elevados acima dos outros pela assembléia. Além disso: para que cada um dos soldados não tenha dos seus próprios atos uma idéia exagerada, é prudente que os patrícios atribuam uma recompensa por serviços militares.

§ 10 — Pela razão de que todos, com exceção dos patrícios, são estrangeiros, é impossível, sem perigo para todo o Estado, que os campos, as casas e todo o território se tornem propriedade pública e sejam alugados aos habitantes por anuidades. Com efeito, não tendo os súditos qualquer parte no poder, abandonariam facilmente as cidades nos maus anos se lhes fosse permitido transportar os seus bens à vontade. É preciso, portanto, não alugar, mas vender, os campos e a terra aos súditos, com a condição, porém, de que sobre o produto anual paguem todos os anos uma contribuição, tal como é a regra na Holanda.

§ 11 — Após estas considerações, passo aos princípios sobre os quais a assembléia suprema deve solidamente assentar. Vimos no § 2 deste capítulo que, num estado de medíocre extensão, os membros desta assembléia devem ser cerca de cinco mil. Há, portanto, que procurar por que meios se fará com que o poder não caia, pouco a pouco, nas mãos de um número reduzido, mas que, pelo contrário, crescendo o Estado, o número de detentores do poder aumente proporcionalmente, e a igualdade seja o mais possível mantida entre os patrícios; que possam ser resolvidos os negócios rapidamente nos Conselhos; que se cuide do bem comum e, finalmente, que o poder dos patrícios seja maior que o da massa do povo sem que, entretanto, o povo algo tenha a sofrer.

§ 12 — Relativamente ao primeiro ponto, a maior dificuldade nasce da inveja. Os homens, já o dissemos, são por natureza inimigos e, apesar das leis que os unem e ligam, guardam a sua natureza. É por esta razão, creio, que os estados democráticos se transformam em aristocracias, e estas últimas em monarquias. Estou persuadido, com efeito, de que a maioria dos Estados aristocráticos começaram por ser democracias: uma população, ao procurar um território onde permanecer, depois de o ter encontrado e cultivado, teve de conservar inteiro o seu direito, ninguém querendo ceder o poder a outrem. Mas, embora julgando conforme com a justiça que o direito que um tem sobre outro, este outro o possui também sobre o primeiro, julgou-se inadmissível que os estrangeiros vindos juntar-se à população já estabelecida fruíssem do mesmo direito que aqueles que, pelo seu trabalho e ao preço do seu sangue, tinham ocupado o território. Isto, nem os próprios estrangeiros contestam, tendo imigrado, não para exercer o poder, mas para se ocuparem dos seus negócios pessoais, e pensam que se lhes concede bastante quando lhes é dada unicamente a liberdade de fazer negócios com segurança. O número dos estrangeiros, entretanto, cresce; adotam pouco a pouco os costumes da nação que os acolheu até que, finalmente, já não se distinguem dos outros habitantes senão apenas pelo fato que lhes falta o direito de se elevarem às honrarias e, enquanto cresce o número dos estrangeiros, por muitas razões o dos cidadãos decresce. Há famílias que se extinguem, com efeito. Há criminosos que são excluídos e a maioria, sofrendo de pobreza, descuida da coisa pública, enquanto que, ao mesmo tempo, os mais poderosos se esforçam apenas por reinar isoladamente. É assim que, pouco a pouco, o poder passa para alguns e finalmente uma facção entrega-o a um só. Poderíamos acrescentar a estas causas outras capazes de destruir os Estados desta maneira, mas estas coisas são bastante conhecidas, não me demorarei nelas e vou demonstrar por que leis o Estado, de que aqui se trata, deve ser mantido.

§ 13 — A primeira lei de tal Estado deve ser a que estabelece uma relação entre o número dos patrícios e a massa popular. Esta relação, de fato, deve ser tal que, crescendo a massa, o número dos patrícios aumente proporcionalmente (§ 1 deste capítulo). E, pelas razões indicadas no § 2 deste capítulo, esta relação deve ser de aproximadamente 1 para 50, quer dizer, é preciso que esta relação não desça abaixo destes números (§ 1 deste capítulo), embora o número dos patrícios possa ser relativamente muito maior. É unicamente no seu excessivo pequeno número que reside o perigo . . . Como fazer que esta lei permaneça inviolada é o que demonstrarei, em breve, no devido lugar.

§ 14 — Os patrícios são escolhidos em certas famílias em lugares determinados, mas é pernicioso regular isso por uma lei expressa. Ora, como, com efeito, as famílias freqüentemente se extinguem e que outras não podem, sem ofensa, ser excluídas, é preciso acrescentar que é contrário a esta forma de Estado que a dignidade patrícia seja hereditária (§ 1 deste capítulo). Mas o Estado, desta maneira, parece aproximar-se bastante de uma democracia, como a que descrevemos no § 12 deste capítulo, onde um pequeno número de homens mantém os cidadãos sob o seu domínio. Impedir, por outro lado, que os patrícios escolham os seus filhos e parentes e que certas famílias, conseqüentemente, mantenham o direito de comando, é impossível, e mesmo absurdo, como o demonstrarei no § 39 deste capítulo. Mas é preciso que isto não seja em virtude de um direito expresso e que os outros (desde que tenham nascido no Estado, falem a língua nacional, não estejam marcados pela infâmia, não sejam escravos, nem se dediquem a qualquer ofício servil, dentre os quais o de negociante de vinho ou de cerveja deve ser colocado) não sejam excluídos; o Estado conserva, assim, a sua forma, e a relação que deve existir entre os patrícios e a massa do povo subsistirá.

§ 15 — Se, além disso, se fixa por uma lei que homens muito jovens não podem ser escolhidos, nunca acontecerá que um pequeno número de famílias detenham sozinhas o poder; a lei deve, conseqüentemente, especificar que ninguém poderá ser colocado na lista dos elegíveis se não tiver pelo menos trinta anos.

§ 16 — Em terceiro lugar, é preciso estabelecer que todos os patrícios devem reunir-se em certas datas num lugar determinado da cidade, e que os faltosos, exceto em caso de doença ou de negócio público premente, sejam atingidos por uma pena pecuniária notável. Sem esta disposição, muitos descuidariam os negócios do Estado para se ocuparem dos seus negócios pessoais.

§ 17 — A função dessa assembléia é fazer e revogar leis e escolher todos os funcionários do Estado. Não é possível, com efeito, que aquele que tem o poder supremo, como admitimos que essa assembléia tinha, dê a um outro o poder de fazer e revogar leis sem renunciar ao seu direito em proveito daquele a quem este poder é dado, pois, se alguém pode, nem que seja por um dia, fazer e revogar leis, pode mudar inteiramente a forma do Estado. Mas entregar a outros o cuidado de administrar os negócios correntes, conforme às leis existentes, é possível sem abandono do poder supremo. Além disto, se os funcionários fossem escolhidos por outros que não o conjunto dos patrícios, os membros desta assembléia mereceriam o nome de pupilos, mais do que o de patrícios.

§ 18 — O costume seguido por certos povos coloca à cabeça do corpo dos patrícios um presidente ou um chefe, seja vitaliciamente, como em Veneza, seja a prazo, como em Gênova, mas as precauções que se tomam são tais que se verifica claramente que aí existe um grande perigo para o Estado. E não há dúvida que deste modo não existe aproximação com a monarquia. Tanto quanto a história permite saber, a única origem deste costume é que, antes da instituição do patriciado, esses Estados eram governados por um presidente ou doge como teriam sido por um rei e, portanto, a eleição de um presidente é exigida pela nação, mas não é necessária ao Estado aristocrático considerado absolutamente.

§ 19 — Como o poder soberano pertence à assembléia dos patrícios tomada na totalidade, mas não a cada um dos seus membros (sem o que seria uma multidão desordenada), é necessário que todos os patrícios sejam obrigados pelas leis a formar um corpo único, dirigido por um pensamento comum. Mas as leis por si mesmas não têm a força requerida e são facilmente violadas quando os seus defensores são aqueles mesmos que podem infringi-las e não há para refrear o seu apetite senão o exemplo do suplício infligido por eles próprios aos seus colegas, o que é completamente absurdo; há, portanto, necessidade de procurar um meio próprio para assegurar a manutenção, pelo corpo de patrícios, da ordem e das leis do Estado, conservando ao mesmo tempo, tanto quanto possível, a igualdade entre os patrícios.

§ 20 — Se existe um presidente ou um chefe que possa trazer o seu sufrágio ao conselho, haverá necessariamente uma grande desigualdade, em virtude do poder que será necessário, inevitavelmente, conceder-lhe para que ele possa, com suficiente segurança, cumprir a sua função. Nenhuma instituição, portanto, se examinarmos bem a situação, pode ser mais útil ao bem-estar comum do que um segundo conselho composto por um certo número de patrícios, subordinados à assembléia suprema e cuja função consistiria unicamente em cuidar de que as leis fundamentais do Estado, respeitantes aos conselhos e aos funcionários, permaneçam invioladas. Os membros deste segundo conselho deveriam ter o poder de chamar, de fazer comparecer perante si, qualquer funcionário do Estado que tivesse cometido um ato contrário ao direito e de o condenar, segundo as leis estabelecidas. Seguidamente chamaremos síndicos aos membros deste conselho.

§ 21 — Esses síndicos devem ser eleitos por toda a vida. Pois se o fossem a prazo, de maneira a poderem ser chamados mais tarde para outras funções do Estado, recair-se-ia no absurdo assinalado no § 19 deste capítulo. Mas para que um domínio de excessiva duração não os encha de orgulho, não deverão ser eleitos para as funções de síndicos senão homens que tenham atingido a idade de sessenta anos e que tenham exercido as funções de senador (ver a seguir).

§ 22 — Determinaremos sem dificuldade o número desses síndicos, se observarmos que devem manter, como os patrícios, a mesma relação que os patrícios reunidos com a massa da população, que não poderiam governar, se fossem menos numerosos. Assim, o número dos síndicos estará para o número dos patrícios como o número destes últimos para a massa da população, isto é, de 1 para 50 (§ 13 deste capítulo).

§ 23 — Para que o conselho dos síndicos possa cumprir seguramente a sua função, é preciso pôr à sua disposição uma parte da força armada que receberá as suas ordens.

§ 24 — É preciso dar aos síndicos e a todo o funcionário do Estado, não um estipêndio fixo, mas uma remuneração calculada de tal maneira que eles não possam, sem grande prejuízo para si próprios, administrar mal a coisa pública. É justo, sem dúvida, que os funcionários recebam um salário no Estado aristocrático, pois que a maior parte da população é constituída pela plebe de cuja segurança cuidam os patrícios, enquanto que os da plebe não têm de se ocupar senão dos seus próprios negócios. Mas como, em contrapartida (ver § 14 do capítulo VII), ninguém defende a causa de um outro senão quando julga, fazê-lo, consolidar a sua própria situação, é preciso, necessariamente, arranjar as coisas de modo a que aqueles que têm o encargo do Estado sirvam melhor os seus próprios interesses quando cuidam, com maior atenção, do bem comum.

§ 25 — A retribuição a dar aos síndicos cuja função, como vimos, é cuidar que as leis permaneçam invioladas, deve ser calculada da seguinte maneira: é preciso que cada pai de família que habite o Estado pague todos os anos uma pequena soma, o quarto de uma onça de prata; desta forma, saber-se-á qual o número dos habitantes e que parte deles pertence ao patriciado. É preciso, também, que todo novo patrício, após a sua eleição, pague aos síndicos uma soma importante, por exemplo, vinte ou vinte e cinco libras de prata. Além disso, as somas pagas a título de multa pelos patrícios que não tiverem obedecido à convocação da assembléia, serão igualmente atribuídas aos síndicos e também uma parte dos bens dos funcionários que tenham cometido uma falta, os quais serão obrigados a comparecer perante os síndicos e condenados a uma pena pecuniária que possa ir até ao confisco de todos os seus haveres. Não são, porém, todos os síndicos que disso beneficiarão, mas somente aqueles que todos os dias entram em sessão e cuja função é convocar o conselho dos síndicos (ver sobre este ponto o § 28 deste capítulo). Para que, por outro lado, o conselho dos síndicos conserve sempre o mesmo número de membros, será estabelecido, antes de qualquer outro assunto, que a assembléia suprema convocada na data regulamentar deverá ocupar-se em completá-lo. Se o cuidado de advertir a assembléia foi negligenciado pelos síndicos, caberá ao presidente do Senado (de que em breve se tratará) advertir a assembléia suprema desta omissão, perguntar ao presidente dos síndicos a razão do silêncio observado por eles e informar-se da opinião da assembléia suprema. Se o presidente do Senado se cala igualmente, o caso será retornado pelo presidente do Tribunal supremo ou, na sua falta, por qualquer dos patrícios que pedirá contas aos presidentes dos síndicos, ao do Senado e ao do Tribunal, por causa do seu silêncio. Para que, finalmente, a lei, proibindo o acesso ao patriciado de pessoas muito jovens, seja observada, é preciso determinar que todos aqueles que tenham atingido a idade de trinta anos e que não estão, legalmente, excluídos do governo, tomem o cuidado de fazer inscrever os seus nomes na lista perante os síndicos e recebam, contra pagamento de uma certa soma, uma marca da sua nova dignidade; ser-lhes-á permitido usar um emblema unicamente a eles concedido, que fará reconhecê-los e lhes garantirá mais consideração que aos outros.

Será estabelecida uma lei que proibirá a qualquer patrício escolher, no momento das eleições, uma pessoa não mencionada na lista, e isto sob grave castigo. E ninguém poderá fugir à função ou cargo para que tenha sido chamado por voto. Enfim, para que as leis do Estado permaneçam inabaláveis, é preciso determinar que, se alguém na assembléia suprema propuser uma modificação aos direitos fundamentais, por exemplo, o prolongamento para além de um ano do poder do chefe do exército, a redução do número dos patrícios e outras coisas semelhantes, seja considerado culpado de alta traição; não bastará condená-lo à morte e confiscar todos os seus bens, será necessário que um monumento público perpetue a memória do seu crime. Para conservar a estabilidade dos outros princípios de direito público, basta que seja determinado que nenhuma lei pode ser revogada, nenhuma nova lei estabelecida, se três quartos ou quatro quintos, em primeiro lugar do conselho dos síndicos e, em segundo lugar, da assembléia suprema, não estiverem de acordo sobre o assunto.

§ 26 — O direito de convocar a assembléia suprema e de decidir que assuntos lhe serão submetidos cabe aos síndicos, a quem o primeiro lugar é atribuído na assembléia sem que, todavia, possam tomar parte nos votos. Contudo, antes de entrar em sessão, devem prestar juramento, pela salvação da assembléia suprema e pela liberdade pública, de que conservarão invioladas as leis fundamentais da pátria e de que cuidarão do bem comum. Após o que, um funcionário que lhes serve de secretário submeterá à assembléia os assuntos levados à ordem do dia.

§ 27 — A fim de que, nas decisões a tomar e na escolha dos funcionários do Estado, todos os patrícios tenham um poder igual e para que os negócios possam ser expedidos com rapidez, é necessário aprovar grandemente o processo adotado em Veneza. Para escolher os funcionários do Estado, começa-se por tirar à sorte alguns dos membros do conselho que têm leitura de uma lista de nomes, os dos candidatos às funções públicas e, sobre cada um destes nomes, cada patrício exprime a sua opinião, isto é, por meio de uma esfera dá a conhecer se aceita ou rejeita a candidatura proposta, de maneira que se ignore, depois, qual foi o voto deste ou daquele. Não somente a igualdade entre todos os cidadãos subsiste por este meio e os assuntos são rapidamente expedidos, como cada um guarda uma inteira liberdade, o que é a coisa mais necessária, pois que não corre o risco de excitar o ódio ao exprimir a sua opinião.

§ 28 — É preciso, no conselho dos síndicos e nos outros, observar as mesmas regras, isto é, votar por meio de esferas. Mas o direito de convocar o conselho dos síndicos e de regulamentar a ordem do dia deve pertencer ao presidente que, com dez síndicos ou mais, todos os dias entra em sessão para receber as queixas da plebe e as acusações secretas respeitantes aos funcionários, para colocar em lugar seguro os queixosos se isso parecer necessário e para convocar a assembléia dos patrícios extraordinariamente, se julga que há perigo na demora. Este presidente e a comissão que com ele trabalha devem ser eleitos pela assembléia suprema e pertencer ao número dos síndicos. Porém, não são eleitos vitaliciamente, mas por seis meses, e não são novamente elegíveis, senão após três ou quatro anos. É para estes, dissemo-lo mais acima, que vão os bens confiscados e o produto das multas, ou uma certa parte do produto a determinar. Enunciaremos, em devido tempo, as regras respeitantes aos síndicos.

§ 29 — Chamaremos Senado a um segundo conselho, igualmente subordinado à assembléia suprema, e cuja função é conduzir os negócios públicos, por exemplo promulgar as leis do Estado, ordenar a fortificação das cidades tal como o quer a lei, dar instruções ao exército, atingir os súditos com impostos e determinar o seu emprego, responder aos embaixadores estrangeiros e decidir quando é oportuno enviar embaixadores. Mas é à assembléia suprema que cabe escolher os embaixadores. É, com efeito, uma regra fundamental que ninguém possa ser chamado para uma função pública senão pela assembléia suprema, a fim de que os patrícios não procurem ganhar o favor do Senado. Além disso, devem ser entregues à assembléia suprema todos os assuntos que impliquem uma modificação qualquer no estado de coisas, por exemplo, os decretos relativos à guerra e à paz. Todas as decisões do Senado sobre a guerra e a paz devem ser ratificadas pela assembléia suprema para serem definitivas e por este motivo sou de opinião que cabe não ao Senado, mas à assembléia suprema estabelecer novos impostos.

§ 30 — Para fixar o número de senadores, eis quais são as considerações que intervêm: primeiro, que todos os patrícios tenham uma igual esperança de serem admitidos ao lugar de senador; em segundo lugar, que os senadores, que tenham chegado ao termo do seu mandato, possam todavia ser reeleitos após um prazo bastante curto, a fim de que o poder seja sempre exercido por homens que tenham experiência e capacidade. É preciso, enfim, que entre os senadores se encontrem vários homens de uma prudência e virtude evidentes. Para satisfazer a tais condições, não se pode conceber nenhum meio senão que, nos termos da lei, ninguém possa ser admitido no lugar de senador antes de ter atingido a idade de cinqüenta anos, e que quatrocentos patrícios, isto é, cerca de um doze avos do número total, sejam eleitos por um ano, e reelegíveis após um prazo de dois anos; desta maneira, uma décima segunda parte dos patrícios preencherá sempre as funções senatoriais, exceto durante intervalos de tempo bastante curtos. Acrescentando ao número dos patrícios nomeados síndicos, este número não fica muito inferior ao número total dos patrícios chegados à idade de cinqüenta anos. Todos os patrícios terão assim uma grande esperança de ser elevados ao lugar de senador ou de síndico e, todavia, os mesmos, exceto durante intervalos de tempo bastante curtos, ocuparão o lugar de senador e (pelo que se disse no § 2 deste capítulo) não faltarão nunca no Senado homens eminentes pela sua inteligência dos negócios e conhecimentos. Não podendo esta lei ser infringida sem que a inveja de muitos senadores seja excitada, não há necessidade de qualquer precaução para que esteja sempre em vigor, senão a de que cada patrício chegado à idade senatorial disso dê provas aos síndicos. Estes últimos inscreverão o seu nome na lista dos elegíveis ao Senado e a lerão perante a assembléia suprema, a fim de que os possíveis candidatos ao Senado aí tomem o lugar que lhes é destinado e que está próximo do que ocupam os próprios senadores.

§ 31 — A remuneração dos senadores deve ser tal que tenham mais vantagem na paz que na guerra, e é por isso que a centésima ou qüinquagésima parte das mercadorias exportadas para o exterior lhes é atribuída. Não há dúvida de que, nessas condições, eles mantenham a paz tanto quanto puderem e nunca procurem fazer rebentar a guerra. Mesmo aqueles dos senadores que se dedicarem ao negócio não deverão estar isentos deste tributo, pois se dele fossem libertos seria uma grande perda para o comércio; ninguém, creio eu, pode ignorá-lo. É preciso, além disso, estabelecer a regra de que nenhum senador ou ex-senador poderá exercer qualquer função no exército e, mais, que ninguém poderá ser nomeado para o comando de um exército (o que não acontece senão em tempo de guerra) se for filho ou neto de senador em exercício ou de um patrício que tenha sido investido, após menos de dois anos passados, com a dignidade senatorial. Não há dúvida de que os patrícios não-senadores defendam estas leis com toda a sua energia e, assim, os senadores terão sempre uma retribuição mais elevada em tempo de paz que em tempo de guerra, e não serão da opinião de fazer a guerra senão em caso de absoluta necessidade para o Estado. Podem objetar-nos que, desta maneira, se os síndicos e os senadores recebem fortes retribuições, o Estado aristocrático não será menos oneroso para os súditos do que qualquer monarquia. Mas, além de que a corte do rei é uma causa de grandes despesas que não servem para a preservação da paz e de que a paz nunca é paga demasiado caro, é preciso observar que, numa monarquia, todo este dinheiro vai para um único, enquanto que num estado aristocrático é destinado a um grande número de pessoas. Além disso, o rei e os seus servidores não suportam, como os súditos, os encargos do Estado, enquanto que aqui é o contrário, pois os patrícios, sempre escolhidos entre os mais ricos, contribuem em grande parte para as despesas públicas. Enfim, os encargos financeiros numa monarquia provêm menos das despesas confessadas do rei do que daquelas que são ocultas. Os encargos do Estado que são impostos aos cidadãos para salvaguardar a paz e a liberdade, mesmo grandes, não excedem a força dos cidadãos e suportam-se no interesse da paz. Qual a nação que teve jamais de pagar tantos e tão pesados impostos como a holandesa? E, todavia, não se esgotou, possui riquezas que fazem com que se inveje a sua fortuna. Se, portanto, os encargos do Estado monárquico fossem impostos para a paz, os cidadãos não ficariam esmagados; mas, como disse, há num Estado desta espécie causas ocultas de despesas que fazem com que os súditos fiquem arruinados. O valor de um rei demonstra-se sobretudo na guerra, e aqueles que querem reinar sós devem preocupar-se com o maior cuidado em que os seus súditos permaneçam pobres, para já não falar das observações feitas por um holandês muito arguto (Van Hove), porque não se relacionam com o meu intuito, que é apenas descrever a melhor forma que pode tomar qualquer regime.

§ 32 — Alguns dos síndicos designados pela assembléia suprema devem participar do Senado, mas sem tomar parte nos votos; o seu papel é de cuidar que as leis fundamentais do Estado sejam observadas, e cabe-lhes apresentar à assembléia suprema, oportunamente, as decisões do Senado. Pois, como já dissemos, é aos síndicos que compete convocar a assembléia suprema e submeter-lhe os assuntos sobre os quais ela deve pronunciar-se. Mas, antes da votação, o presidente expõe o estado do problema, a opinião do Senado sobre o assunto e as causas da sua decisão; após o que, os sufrágios são recolhidos na ordem estabelecida.

§ 33 — O Senado inteiro não deve reunir-se todos os dias, mas, como todos os conselhos, em data fixa. Como todavia é preciso que os negócios públicos sejam expedidos durante os intervalos das sessões, um certo número de senadores, designados para este efeito, substituirá o Senado. A função desta delegação será convocar o Senado quando for necessário, fazer executar as decisões tomadas, ler as cartas dirigidas ao Senado e à assembléia suprema e, finalmente, deliberar sobre os assuntos a submeter ao Senado. Mas, para melhor fazer compreender tudo isso e o procedimento seguido pelo Senado, vou precisar a minha exposição.

§ 34 — Os senadores eleitos por um ano, como disse mais acima, serão divididos em quatro ou seis séries; a primeira terá a primazia durante os dois ou três primeiros meses, após o que será a vez da segunda, e assim consecutivamente; uma série que foi a primeira durante os primeiros meses tornar-se-á a última do mês seguinte. Tantas quantas as séries são os presidentes a eleger e também os vice-presidentes que substituem os presidentes em caso de necessidade; quer dizer que, em cada série, deve-se eleger dois senadores, dos quais um é o presidente da série e também do Senado durante o tempo em que a série tem a primazia, e outro o substitui na qualidade de vice-presidente. Depois, na primeira série, serão designados alguns senadores pela sorte ou por maioria de votos, para substituir, com o seu presidente e o vice-presidente, o Senado quando não está em sessão, e isto durante o tempo em que a sua série tem a primazia, após o que é a vez de um número igual de senadores da segunda série, igualmente designados pela sorte ou por maioria de votos, e assim consecutivamente. Não há necessidade alguma de que a eleição por dois ou três meses daqueles que eu disse que seriam designados pela sorte, ou por maioria de votos, e que, seguidamente, chamaremos cônsules, seja feita pela assembléia suprema. Pois, a razão dada no § 29 deste capítulo não se aplica aqui, e ainda menos a do § 17. Basta que esta designação seja feita pelo Senado e os síndicos que assistem às sessões.

§ 35 — Não posso determinar com precisão o número destes eleitos. O que é certo é que devem ser bastante numerosos para não serem facilmente corrompidos, ainda que, com efeito, não tomem sozinhos qualquer decisão, podem, todavia, arrastar o Senado ou, o que seria pior, enganá-lo, submetendo-lhe questões sem qualquer importância e calculando-se sobre as mais graves, para já não falar do atraso que sofreriam os negócios públicos pela ausência de um ou dois dentre eles, se fossem pouco numerosos. Visto que estes conselhos são criados, pelo contrário, porque os grandes conselhos não podem ocupar-se todos os dias dos negócios públicos, é preciso, necessariamente, compensar a pequenez do número pela brevidade do mandato. Se, portanto, cerca de trinta membros do Conselho são nomeados por dois ou três meses, serão demasiado numerosos para poderem deixar-se corromper em tão pouco tempo. Por esta razão quero que os seus sucessores sejam designados unicamente no momento em que aqueles que estavam em exercício se retirem.

§ 36 — A função dos cônsules, já o dissemos, é convocar o Senado, quando alguns dentre eles, mesmo em pequeno número, julguem útil submeter-lhe os assuntos; em seguida dissolvê-lo e executar as suas decisões sobre os negócios públicos. Direi brevemente como se deve proceder a esta consulta para que as coisas não se arrastem muito tempo. Os cônsules deliberarão sobre a questão a submeter ao Senado e, se estiveram todos de acordo, uma vez convocado o Senado e exposta a questão, darão conhecimento da sua opinião e recolherão os sufrágios pela ordem estabelecida, sem esperar que outra opinião seja emitida. Mas, se os cônsules estão divididos na opinião, então a opinião da maioria deles será exposta ao Senado e, se não tiver a aprovação da maioria do Senado e dos cônsules e, se num escrutínio em que cada um exprima a sua opinião por meio de esferas o número dos hesitantes ou opositores for maior, então, a opinião adotada pelo maior número de cônsules que não façam parte da maioria será exposta e examinada com cuidado, e também as outras. Se nenhuma opinião tiver a aprovação do Senado, adiar-se-á a questão para o dia seguinte, ou para uma data mais afastada, e os cônsules aproveitarão este tempo para ver se podem encontrar outra medida mais capaz de ser aceita pelo Senado. Se não encontrarem nenhuma, ou se aquela que tiverem encontrado não obtiver a aprovação da maioria do Senado, então, cada opinião será exposta perante o Senado e se este não adotar nenhuma, haverá sobre cada uma um novo escrutínio por esferas, no qual se contarão não só os sufrágios favoráveis, como os hesitantes e os opositores; se houver mais sufrágios favoráveis que hesitantes e opositores, a opinião posta à votação será tida como adotada e será, pelo contrário, afastada se houver mais opositores que hesitantes e sufrágios favoráveis. Mas se, sobre todas as opiniões, o número de hesitantes for maior que o dos opositores e dos sufrágios favoráveis, o conselho dos síndicos será adjunto ao Senado e participará no voto, sendo contadas unicamente as esferas que representem aprovação ou oposição, sendo desprezadas as dos hesitantes. A propósito dos assuntos entregues pelo Senado à assembléia suprema, observar-se-á o mesmo procedimento. Eis o que tinha a dizer a propósito do Senado.

§ 37 — No que respeita ao tribunal ou à magistratura, não se podem manter os princípios que expusemos como convenientes numa monarquia (capítulo IV, §§ 26 e seguintes). Pois (§ 14 deste capítulo) é contrário aos princípios do Estado aristocrático de que aqui se trata ter em consideração raças ou clãs e, depois, porque juízes escolhidos apenas entre os patrícios estariam na verdade impedidos de pronunciar uma sentença injusta contra os patrícios pelo receio dos patrícios que lhes sucedessem, e talvez não ousassem infligir-lhes uma pena merecida, mas em contrapartida permitir-se-iam tudo contra os plebeus e constantemente os plebeus ricos seriam vítimas da sua rapacidade. Por esta razão, eu o sei, aprovou-se grandemente na assembléia dos patrícios de Gênova por escolher como juízes não alguns dentre eles, mas estrangeiros. Parece-me todavia absurdo, consideradas as coisas em si mesmas, que sejam chamados estrangeiros e não patrícios a interpretar as leis. E que são os juízes senão intérpretes das leis? Creio, portanto, que os genoveses tomariam neste assunto mais em consideração o caráter próprio da sua nação que a natureza do Estado aristocrático. Para nós, que consideramos a questão em si mesma, há que encontrar a solução que melhor condiga com esta forma de governo.

§ 38 — Quanto ao número de juízes, nada de particular: como num Estado monárquico, é preciso, acima de tudo, que os juízes sejam demasiado numerosos para que seja impossível a um particular corrompê-los. A sua função, com efeito, é cuidar de que ninguém prejudique outrem; devem portanto regular os litígios entre particulares, patrícios ou plebeus, e infligir penas aos delinqüentes, mesmo quando pertencem ao corpo dos patrícios, ao conselho dos síndicos ou ao Senado, todas as vezes que as leis, às quais todos estão obrigados, forem infringidas.

Quanto aos litígios que se possam dar entre as cidades que fazem parte do Estado, cabe à assembléia suprema decidi-los.

§ 39 — Em qualquer Estado a duração do mandato confiado aos juízes é a mesma e é preciso também que, todos os anos, uma parte deles se retire; enfim, se não há necessidade alguma de que sejam todos de clãs diferentes, é contudo necessário que dois parentes próximos não entrem em sessão ao mesmo tempo. Esta regra deve ser observada nos outros conselhos mas não na assembléia suprema, onde basta que a lei proíba a qualquer membro propor um dos seus próximos ou, se vier a ser proposto, que tome parte do voto e também, quando há algum funcionário a nomear, que sejam dois parentes próximos a proceder ao sorteio. Isto, digo, basta numa assembléia tão numerosa e cujos membros não recebem qualquer retribuição. O Estado não pode ter a recear qualquer prejuízo, de modo que seria absurdo, dissemo-lo no § 14 deste capítulo, estabelecer uma lei excluindo da assembléia suprema os parentes de todos os patrícios. Este absurdo é, aliás, manifesto, pois tal lei não poderia ser estabelecida pelos próprios patrícios sem abandono do seu direito e, por conseqüência, os defensores dessa lei não poderiam ser os patrícios, mas os plebeus, o que é diretamente contrário ao texto dos §§ 5 e 6 deste capítulo. A lei do Estado que estabelece uma relação constante entre o número dos patrícios e a mesma da população, tem por finalidade principal manter o direito e o poder dos patrícios que, para poderem governar a população, não devem ser excessivamente pouco numerosos.

§ 40 — Os juízes devem ser nomeados pela assembléia suprema entre os patrícios, isto é, entre os autores das leis (§ 17 deste capítulo) e as sentenças dadas, tanto no civil como no criminal, serão definitivas se as formas legais forem observadas e se os juízes forem imparciais. É aos síndicos que cabe conhecer este ponto, ajuizar e tomar uma decisão.

§ 41 — Os emolumentos dos juízes devem ser tais, como vimos no § 29 do capítulo VI, isto é, em matéria civil receberão da parte condenada uma soma em relação com a que é objeto do litígio. Quanto às sentenças dadas em matéria criminal, haverá, como única diferença, que os bens confiscados e o produto das multas aplicadas contra pequenos delinqüentes ser-lhes-ão atribuídos apenas a eles; com a condição, todavia, de nunca lhes ser permitido usar a tortura para obter uma confissão; desta maneira, ficam tomadas precauções suficientes para que os juízes não sejam injustos em relação aos plebeus e não sejam, por receio, demasiado favoráveis aos patrícios. Além de que, com efeito, este receio tem por origem unicamente a cobiça, colorida com o nome de justiça, os juízes são numerosos e dão a sua opinião, não publicamente, mas por escrutínio secreto, de maneira que, se um condenado está descontente, não pode queixar-se de um dos juízes. Além disso há, para impedir os juízes de dar uma sentença absurda ou fraudulenta, o respeito que inspiram os síndicos e, mais, que num Tribunal tão numeroso encontrar-se-á sempre um ou dois juízes temidos pelos seus colegas injustos. Quanto aos plebeus, estarão suficientemente garantidos se tiverem o direito de apelar para os síndicos, os quais têm capacidade para resolver os litígios, estabelecer sobre eles um juízo e tomar uma decisão. Certamente, os síndicos não poderão evitar tornar-se odiosos a muitos patrícios e, em contrapartida, serão muito bem-vistos pelos plebeus, cuja aprovação procurarão obter quando puderem. Para este efeito, não deixarão ocasionalmente de anular sentenças contrárias às leis, de submeter a inquérito qualquer dos juízes e de o castigar com uma pena se foi injusto. Nada toca mais a massa popular. A raridade de exemplos desta espécie não é um mal; pelo contrário, é útil. Quando há, constantemente, numa Civitas que acusar culposos, isso é prova de que ela sofre de um vício constitucional (demonstramo-lo no § 2 do capítulo V) e são os acontecimentos mais excepcionais que têm maior repercussão na opinião.

§ 42 — Os governadores enviados para as cidades ou províncias devem ser escolhidos na classe senatorial, porque é função dos senadores ter o cuidado das fortificações, das finanças, da milícia etc. Mas os senadores enviados para as regiões um pouco afastadas não poderão assistir às reuniões do Senado. Por esta razão, não serão escolhidos entre os senadores senão os governadores destinados a cidades construídas no território nacional. Aqueles que se quer enviar para mais longe, deverão ser escolhidos entre os homens que tenham atingido a idade fixada para a entrada no Senado. Mas, esta disposição não bastaria para garantir a paz de todo o Estado, se as cidades vizinhas fossem inteiramente privadas do direito de sufrágio, a menos que, em virtude da sua fraqueza, possam ser abertamente menosprezadas, o que aliás não se concebe. É, portanto, necessário que os burgos vizinhos estejam investidos do direito de cidade e que, em cada um, vinte, trinta ou quarenta cidadãos (o número deve estar em relação com a importância do burgo) sejam admitidos no número dos patrícios; três, quatro ou cinco dentre eles, serão, todos os anos, eleitos senadores, um deles nomeado síndico vitaliciamente. São aqueles que entraram no Senado que serão enviados com um síndico para as cidades que os elegeram.

§ 43 — Os juízes, em cada cidade, deverão ser nomeados entre os patrícios do lugar. Mas é inútil falar deles mais longamente porque isto não respeita aos princípios fundamentais do Estado aristocrático.

§ 44 — Os secretários dos conselhos e os seus outros servidores que não tenham o direito de sufrágio serão escolhidos na plebe. Mas como têm um vasto conhecimento dos negócios tratados, acontece freqüentemente que se leva mais em conta do que seria preciso a sua opinião, de tal modo que exercem uma grande influência sobre todo o Estado; este abuso causou a perda da Holanda. Isto não pode deixar de suscitar a inveja de muitos entre os melhores e não podemos duvidar de que um Senado onde predomina a opinião, não dos próprios senadores, mas de empregados da administração, não seja composto de membros inativos e a condição de um Estado em que as coisas atingem esse ponto não me parece muito melhor do que a de uma monarquia governada por um número de conselheiros (ver os §§ 5, 6 e 7 do capítulo VI). Mas, na verdade, um Estado estará tanto menos, ou tanto mais, exposto a este mal, quanto melhores, ou mais defeituosas, instituições tiver. A liberdade de um Estado que não assenta sobre bases bastante sólidas nunca pode ser defendida sem perigo. Para não se expor a isso, os patrícios escolhem na plebe servidores desejosos de renome que, mais tarde, quando a situação se modifica, são mortos, vítimas destinadas a apaziguar a cólera dos inimigos da liberdade. Onde, pelo contrário, as bases da sociedade são bastante firmes, os próprios patrícios procuram a glória de a manter e procedem de maneira a que seja só a sua opinião a decidir nos negócios públicos. Tivemos em conta estes dois pontos ao expor os nossos dois princípios fundamentais: é por isso que afastamos a plebe das assembléias e dos conselhos e não lhes reconhecemos nenhum direito de sufrágio (§§ 3 e 4 deste capítulo), de maneira que o poder supremo pertença a todos os patrícios, mas que o poder executivo pertença aos síndicos e ao Senado, o direito de convocar o Senado e de submeter propostas a cônsules escolhidos no Senado. Se, além disso, se estabelecer como regra que um secretário do Senado e dos outros cônsules seja nomeado somente por quatro ou, no máximo, cinco anos e que se lhe junte um segundo que faça uma parte do trabalho, ou ainda, se o Senado não tem um só, mas vários secretários, cada um com o seu departamento, nunca o poder dos empregados será ameaçador.

§ 45 — Os empregados das finanças serão escolhidos na plebe e terão de prestar contas não só ao Senado como também aos síndicos.

§ 46 — Do que respeita à religião já falamos abundantemente no *Tratado Teológico-Político*. Todavia, omitimos certas coisas que não cabiam no nosso assunto: é preciso que todos os patrícios professem a mesma religião, muito simples e universal, que expusemos neste mesmo tratado. É preciso, com efeito, cuidar acima de tudo de que os patrícios não se dividam em seitas, o que criaria entre eles parcialidade em favor ora de uns, ora de outros; em seguida, de que não procurem, por dedicação a uma superstição, retirar aos súditos a liberdade para dizer o que pensam. Além disso, apesar de cada um ser livre de dizer o que pensa, é preciso proibir as grandes reuniões aos fiéis de uma outra religião; permitir-se-lhes-á construir templos tantos quantos queiram, mas de pequenas dimensões, não ultrapassando os limites fixados e em lugares um pouco afastados uns dos outros.

Quanto aos templos dedicados à religião da pátria, é muito importante que sejam grandes e faustosos e, de preferência, que seja permitido unicamente aos patrícios e senadores aí celebrar as cerimônias do culto e também que só os patrícios possam batizar, consagrar os casamentos, impor as mãos e, de uma maneira geral, que sejam reconhecidos defensores e intérpretes da religião da pátria e, de certo modo, sacerdotes dos templos. Todavia, para a pregação e a administração das finanças da igreja e dos negócios correntes, alguns substitutos serão escolhidos pelo Senado na plebe e deverão prestar-lhes contas.

§ 47 — Tais são os princípios do Estado aristocrático, aos quais acrescentarei um pequeno número de disposições menos fundamentais, mas importantes: é preciso que os patrícios se distingam pelo uso de um traje particular, que se lhes dê, ao falar-se-lhes, um título que só a eles pertença, que todos os plebeus se perfilem diante deles e, se qualquer patrício perder os seus bens em conseqüência de uma infelicidade que não pôde evitar e que esta possa ser provada, sem qualquer dúvida a sua situação será restabelecida integralmente à custa do Estado. Se, pelo contrário, ficar estabelecido que os seus bens foram dissipados com prodigalidades, despesas de luxo, no jogo, ou com mulheres de má vida etc., ou ainda que está endividado para além do que pode pagar, ser-lhe-á retirada a sua dignidade e será considerado indigno de qualquer honraria ou função. Quem, com efeito, não sabe governar os seus próprios negócios, é ainda muito mais incapaz de gerir os do Estado.

§ 48 — Aqueles que a lei obriga a prestar juramento evitarão bem mais o perjúrio se o juramento que lhes é imposto for sobre a salvação da pátria e da liberdade, ou pela assembléia suprema, melhor que se jurasse perante Deus. Quem jura perante Deus põe em jogo o seu próprio bem, de que é o único juiz; quem jura pela liberdade e salvação da pátria põe em jogo o bem comum, do qual não é juiz e, se perjura, declara-se a si mesmo inimigo da pátria.

§ 49 — As universidades, fundadas à custa do Estado, são instituídas menos para cultivar o espírito do que o constranger. Numa república livre, pelo contrário, a melhor maneira de desenvolver as ciências e as artes é dar a cada um licença para ensinar à sua custa e com o perigo da sua reputação. Mas reservo para uma outra parte do trabalho estas observações e outras semelhantes, pois não quis tratar aqui senão do que respeita unicamente ao Estado aristocrático.

CAPÍTULO IX

§ 1 — Falamos até aqui do Estado aristocrático, admitindo que tira o seu nome de uma única cidade, capital de todo o Estado. É altura de tratar de um Estado em que várias cidades partilhem o poder, condição que creio preferível. Mas, para perceber a diferença que existe entre estes dois Estados e a superioridade de um deles, passaremos em revista os princípios do Estado precedentemente descrito, rejeitaremos aqueles que já não convêm e substituí-los-emos por outros.

§ 2 — Portanto, os burgos que gozam do direito de cidade deverão ser fundados e fortificados de tal maneira que nenhum possa, na verdade, subsistir sem os outros, mas, em contrapartida, não possa, sem grande prejuízo para todo o Estado, destacar-se dos outros; assim, com efeito, permanecerão sempre unidos. As cidades, constituídas de modo tal que não possam nem conservar-se, nem inspirar receio às outras, não são autônomas, mas dependentes.

§ 3 — Os princípios, enunciados nos §§ 9 e 10 do capítulo precedente, são tirados da natureza comum do Estado aristocrático; o mesmo acontece com a relação que deve existir entre o número dos patrícios e a massa do povo, a idade e a condição das pessoas chamadas ao patriciado. Não pode, portanto, aqui haver diferença, quer uma ou várias cidades estejam à cabeça do Estado. Mas é outra a situação da assembléia suprema: se uma cidade, com efeito, deve ser o lugar de reunião desta assembléia, essa cidade será na realidade a capital do Estado. É preciso, portanto, ou que cada uma tenha a sua vez, ou escolher um lugar que não tenha o direito de cidade e pertença igualmente a todos. Mas estas duas soluções são mais fáceis de anunciar que de pôr em prática: como fazer com que tantos milhares de homens se afastem para longe das cidades ou se reúnam ora num lugar ora noutro?

§ 4 — Eis sobre que considerações é preciso nos apoiarmos para decidir corretamente, segundo a natureza e a condição do Estado aristocrático, como é preciso proceder nesta matéria e de que maneira as assembléias e os conselhos devem ser instituídos: uma cidade tem um direito superior ao de um particular, na medida em que tem mais poder que ele (§ 4 do capítulo II) e, por conseqüência, cada uma das cidades do Estado (§ 2 deste capítulo) encerrará nas suas muralhas, ou nos limites da jurisdição, tanto direito quanto poder tem. Em segundo lugar, não se trata de cidades ligadas por tratado, mas de cidades unidas e associadas formando um só Estado, sob a condição, todavia, de que cada uma delas tenha, na medida em que é mais poderosa, mais direito no Estado, pois querer estabelecer igualdade entre os desiguais é absurdo. Os cidadãos podem ser iguais, porque o poder de cada um, comparado com o de todo o Estado, não merece consideração. Mas o poder de cada uma das cidades forma uma parte do poder de todo Estado e uma parte tanto maior quanto essa cidade é mais importante. Não se pode considerar as cidades como iguais, mas é preciso avaliar o direito de cada uma consoante o seu poder e grandeza. Por outro lado, os laços que devem ligá-las para que constituam um só Estado são, em primeiro lugar, o Senado e os

Tribunais (§ 1 do capítulo IV). Vou demonstrar aqui, brevemente, como todas as cidades devem estar ligadas, permanecento autônomas tanto quanto possível.

§ 5 — Concebo, portanto, que os patrícios, em cada cidade, mais ou menos numerosos (§ 3 deste capítulo), tenham o direito soberano; que, reunidos numa assembléia suprema própria da cidade, tenham o poder absoluto de decidir das fortificações a edificar, do alargamento das muralhas, das leis a editar ou renovar e, de uma maneira geral, possam tomar todas as resoluções necessárias à conservação e crescimento da cidade. Para tratar dos negócios comuns do Estado, será criado um Senado nas mesmas condições que vimos no capítulo precedente, com a diferença que, neste novo Estado, o Senado terá a obrigação de decidir os litígios que possam surgir entre as cidades. Pois, não tendo capital, estes litígios já não podem ser decididos pela assembléia suprema de todos os patrícios (§ 38 do capítulo precedente).

§ 6 — De resto, essa assembléia geral não terá de ser convocada, a menos que se trate de reformar o próprio Estado ou num assunto difícil, de cuja solução os senadores se julguem incapazes. Será, portanto, muito raro que todos os patrícios sejam convocados à assembléia. A principal função dessa assembléia suprema, já o dissemos (§ 17 do capítulo precedente), é estabelecer e revogar leis e em seguida nomear os funcionários. Mas, as leis, pelo menos aquelas que são comuns a todo o Estado, uma vez estabelecidas, não devem ser alteradas; se, todavia, as circunstâncias fazem com que uma nova lei deva ser instituída, ou que há que modificar uma já existente, é no Senado que esta questão será primeiramente examinada e, uma vez que os senadores se tenham posto de acordo, serão enviados emissários pelo próprio Senado para as diversas cidades e estes exporão aos patrícios de cada uma a opinião do Senado. Se a maioria das cidades a aceitar, será tida como adotada, senão, será rejeitada. Poder-se-á conservar o procedimento já descrito para a escolha dos chefes do exército e dos embaixadores a enviar ao estrangeiro, como também no que respeita à decisão de fazer a guerra e às condições de paz a aceitar. Mas, para a escolha dos outros funcionários do Estado, como (§ 4 deste capítulo) cada cidade deve permanecer autônoma e ter tanto direito no Estado quanto possível, proceder-se-á da maneira seguinte: os patrícios de cada cidade elegerão senadores, isto é, a sua assembléia designará para entrar no Senado um certo número dentre eles que deverá estar, para o número total dos patrícios, na relação de 1 para 12 (§ 30 do capítulo precedente). Essa assembléia designará aqueles que farão parte da primeira série, da segunda, da terceira etc. Assim, os patrícios de cada cidade nomearão, de acordo com a sua importância, um maior ou menor número de senadores e reparti-los-ão em tantas séries quantas dissemos que o Senado deveria compreender (§ 31 do capítulo precedente). Acontecerá, assim, que em cada série, cada uma das cidades terá um número de representantes relativo à sua importância. Quanto aos presidentes das séries e aos seus substitutos, cujo número é menor que o das cidades, serão eleitos pelo Senado e pelos próprios cônsules, tirados à sorte. Observar-se-á o mesmo procedimento para a eleição dos membros do Tribunal supremo, isto é, haverá para cada cidade mais ou menos patrícios designados, consoante a cidade seja maior ou menor. Deste modo, cada cidade permanecerá, tanto quanto é possível, autônoma na escolha dos funcionários públicos e na regulamentação dos litígios, o procedimento seguido sendo o que expusemos nos §§ 30 e 34 do capítulo precedente.

§ 7 —Os chefes das cortes e os tribunos militares deverão ser escolhidos no patriciado. É justo, com efeito, que cada cidade deva alistar, para a segurança de todo o Estado, um número de soldados em relação com a sua importância e é justo, por conseqüência, que os patrícios, consoante o número de legiões que devem alimentar, possam nomear tantos tribunos militares, oficiais de qualquer patente e insígnias etc., quanto o exige a organização desta parte da força armada.

§ 8 — Não haverá impostos estabelecidos pelo Senado sobre os súditos; para ocorrer às despesas públicas decretadas pelo Senado, não serão os súditos, mas as cidades, tributadas de forma que cada uma suporte um encargo maior, ou menor, segundo a sua importância. Para tirar dos habitantes a soma a fornecer, os patrícios de cada cidade procederão como quiserem, seja por meio de tributo, seja o que é mais justo, estabelecendo impostos.

§ 9 — Além disso, apesar de todas as cidades do Estado não serem portos de mar, e de as cidades marítimas não serem as únicas a nomear senadores, as retribuições pagas aos senadores poderão ser as que indicamos no § 31 do capítulo precedente. Poder-se-á criar, para este efeito, medidas em relação com a constituição do Estado que estabelecerão, entre as cidades, laços de solidariedade mais estreitos. Quanto a todas as outras disposições respeitantes ao Senado, aos tribunais e, em geral, a todo o Estado, será oportuno aplicar as regras enunciadas no capítulo precedente. Vemos assim que, num Estado constituído por várias cidades, não é necessário convocar a assembléia suprema num lugar e numa data fixa. Mas, para o Senado e os tribunais, é preciso estabelecer como sede uma aldeia ou cidade que não tenha direito de sufrágio.

Retorno agora ao que respeita às cidades, tomadas separadamente.

§ 10 — O procedimento seguido pela assembléia de uma cidade para a eleição dos seus funcionários e dos do Estado e para tomar decisões nos negócios públicos, será o que expus nos §§ 27 e 26 do capítulo precedente, pois as condições são as mesmas. A esta assembléia deverá estar subordinado um conselho de síndicos que manterá com ela a mesma relação que os conselhos dos síndicos, de que falamos no capítulo precedente, com a assembléia geral de todo o Estado. A sua função será a mesma nos limites da jurisdição da cidade e será retribuída da mesma maneira. Se a cidade e, por conseqüência, o número dos patrícios forem tão pequenos que não se possa nomear senão um síndico ou dois e, não podendo dois síndicos só formar um Conselho, serão designados pela assembléia suprema da cidade juízes para tomar conhecimento dos casos ou, então, o caso será levado perante o Conselho supremo dos síndicos. Com efeito, devem ser enviados alguns síndicos de cada cidade para o lugar onde funciona o Senado para cuidar de que as leis permaneçam invioladas e para participar do Senado sem tomar parte nos votos.

§ 11 — Os patrícios de cada cidade nomearão também cônsules que formarão o Senado dessa cidade. Não posso fixar-lhes o número e não o creio necessário, pois os negócios da cidade, que têm grande peso, serão tratados pela assembléia suprema da cidade e, os que respeitam a todo o Estado, sê-lo-ão pelo grande Senado. Se, por outro lado, os cônsules forem pouco numerosos, será necessário que exprimam a sua opinião publicamente no seu conselho, e não por meio de esferas, como nas grandes assembléias. Com efeito, nas pequenas assembléias onde se usa o escrutínio secreto, aqueles que têm um pouco de astúcia conseguem conhecer o voto de cada um dos colegas e enganar, de muitas maneiras, os pouco atentos.

§ 12 — Em cada cidade é à assembléia suprema que cabe nomear os juízes; será, todavia, permitido apelar para o tribunal supremo do Estado, exceto quando houver flagrante delito ou confissão do culpado. Não há necessidade alguma de desenvolver mais este ponto.

§ 13 — Resta falar das cidades que não têm qualquer autonomia. Estas últimas, se estão situadas numa província ou região do Estado, e se os seus habitantes são da mesma nação e falam a mesma língua, devem, necessariamente, assim como as aldeias, ser consideradas como partes das cidades vizinhas, de modo que cada uma deve estar na dependência desta ou daquela cidade autônoma. A razão disto é que os patrícios não são eleitos pela assembléia suprema do Estado, mas pela assembléia de cada cidade, cujos membros são mais ou menos numerosos, consoante o número dos habitantes compreendidos na jurisdição dessa cidade (§ 5 deste capítulo). É, assim, necessário que a massa da população de uma cidade que não é autônoma seja compreendida no recenseamento de uma cidade que é autônoma, e dependa desta última. Mas as cidades conquistadas pela guerra e acrescentadas ao Estado devem ser consideradas como aliadas do Estado e seduzidas por benefícios; ou, então, devem para aí ser enviadas colônias que tenham direito de Cidade e a população que aí habitava deve ser transportada para outro lugar ou exterminada.

§ 14 — Tais são os princípios fundamentais dessa espécie de Estado. Que a sua condição seja melhor que a do Estado que tira o seu nome de uma única cidade, é o que concluo do fato de que os patrícios de cada cidade, por um desejo natural no homem, esforçar-se-ão por manter o seu direito na sua cidade e no Senado, e até de o aumentar se puderem; procurarão, por conseqüência, atrair a si a massa da população, exercer o poder mais através dos benefícios do que pelo medo e aumentar o seu próprio número, pois quanto mais numerosos forem, mais (§ 6 deste capítulo) senadores elegerão e maior poder terão também no Estado (mesmo parágrafo). É inútil objetar que cuidando cada cidade dos seus próprios interesses e invejando as outras haverá freqüentemente discórdias entre elas e perder-se-á tempo em discussões. Pois, se enquanto os romanos deliberam Sagunto perece, pelo contrário, quando homens em pequeno número decidem tudo segundo a sua paixão, é a liberdade, é o bem comum que perece. O espírito dos homens é, com efeito, demasiado obtuso para tudo poder penetrar de uma vez; mas deliberando, escutando e discutindo, afina-se e, à força de tatear, os homens acabam por encontrar a solução que procuravam e que tem a aprovação de todos, sem que ninguém o tivesse anteriormente pensado. Objetar-se-á que o Estado da Holanda não teria subsistido muito tempo sem um conde ou um representante do conde em seu lugar? Respondo que, para preservar a sua liberdade, os holandeses julgaram suficiente abandonar o conde e privar o Estado da sua cabeça. Não pensaram, todavia, em reformá-lo, mas deixaram subsistir todas as partes tais como estavam, de modo que o condado da Holanda permaneceu sem conde e o próprio Estado sem nome. Nada de espantoso nisto; os súditos, na maioria, ignoravam a quem pertencia a soberania. Mesmo que não tivesse sido assim, os que detinham o poder na realidade eram demasiado pouco numerosos para governar a massa e esmagar os seus poderosos adversários. Assim, aconteceu que estes últimos puderam conjurar-se contra eles, impotentes, e finalmente derrubá-los. Esta súbita revolução não veio do fato de que se empregava tempo excessivo nas deliberações, mas da constituição defeituosa do Estado e do pequeno número de governantes.

§ 15 — Este Estado aristocrático em que o poder se divide entre várias cidades é ainda preferível porque não há que recear, como no outro, que a assembléia suprema seja bruscamente atacada e destruída, pois que (§ 9 deste capítulo) não é convocada em lugar e data fixos. Os cidadãos poderosos são, além disso, menos de temer neste Estado: onde várias cidades gozam da liberdade, não basta àquele que tenta usurpar o poder apoderar-se de uma única cidade para ser o senhor absoluto. Enfim, a liberdade neste Estado é um bem comum a um maior número pois, onde reina uma única cidade, não se cuida do bem das outras, senão na medida em que convém à cidade reinante.

CAPÍTULO X

§ 1 — Após ter exposto os princípios fundamentais dos dois tipos de Estado aristocrático, resta procurar se existe alguma causa interior que possa levar à dissolução de semelhante regime ou à sua transformação. A primeira causa possível de dissolução é a que observa o agudíssimo florentino (Maquiavel) no seu primeiro discurso sobre o terceiro livro de Tito Lívio: "Num Estado, como no corpo humano, há certos elementos que se ligam aos outros e cuja presença requer, de quando em quando, um tratamento clínico"; é, portanto, necessário, diz ele, que por vezes uma intervenção recupere o Estado para os princípios sobre os quais está fundado. Se falta esta intervenção, o mal irá crescendo a tal ponto que já não poderá ser suprimido, senão pela supressão do próprio Estado. Esta intervenção, acrescenta ele, pode acontecer por acaso ou devido a uma legislação prudente ou, enfim, à virtude de um homem de uma virtude excepcional. E não é duvidoso que isto deixe de ser uma circunstância do maior peso e, se não for dado remédio ao mal, o Estado já não se poderá manter por virtude própria, mas unicamente por feliz fortuna. Pelo contrário, se o conveniente remédio é aplicado, a queda do Estado não poderá resultar de um vício interior, mas de um destino inelutável, tal como em breve demonstraremos. O primeiro remédio que se apresentava ao espírito era que, todos os cinco anos, um ditador supremo fosse criado por um ou dois meses, tendo o direito de abrir inquérito sobre os atos dos senadores e de todos os funcionários, de os julgar, de tomar decisões e, por conseguinte, de conduzir o Estado ao seu princípio. Mas, para remediar os males que ameaçam um Estado, é preciso aplicar medicinas que se acordem com a sua natureza e possam aceitar-se através dos seus próprios princípios; de outra forma, cai-se de Caribde em Cila. É verdade que todos, quer governantes ou governados, devem ser moderados pelo receio dos suplícios e do mal que poderiam sofrer, a fim de que não possam cometer crimes impunemente e com proveito; e, por outro lado, se este receio afeta igualmente os bons e os maus cidadãos, o Estado encontra-se no maior perigo. Sendo o poder do ditador absoluto, não pode deixar de ser temível para todos, sobretudo, como se requer, é nomeado a prazo fixo, porque então, cada um, por amor da glória, disputará essa honra com extremo ardor; e também é certo que em tempo de paz se tem menos em consideração a virtude que a opulência, de forma que, quanto mais soberba tiver um homem, mais facilmente obterá honrarias. Talvez seja essa a razão pela qual os romanos não nomeavam ditadores a prazo fixo, mas só quando uma necessidade fortuita a isso os obrigava. E, todavia, o rumor de uma ditadura, para citar Cícero, era desagradável aos bons cidadãos. E, certamente, pois que o poder de um ditador, como o de um rei, é absoluto, pode, não sem grande perigo para a República, transformar-se num poder monárquico, ainda que temporariamente. Acrescente-se que, se nenhuma data fixa for indicada para a nomeação de um ditador, não haverá entre duas ditaduras sucessivas o intervalo de tempo que dissemos necessário manter e a própria instituição teria tão pouca solidez que cairia facilmente no esquecimento. Se esta ditadura não é perpétua e estável, se não é entregue a um só homem, o que não se pode conciliar com a manutenção do regime aristocrático, será incerta e, com ela, a salvação da República mal assegurada.

§ 2 — Não há dúvida, pelo contrário (§ 3 do capítulo VI), que se, mantendo a forma do Estado, o gládio do ditador se pudesse erguer perpetuamente e ser temível unicamente para os maus, nunca o mal se agravaria ao ponto de não poder ser suprimido ou corrigido. É para satisfazer estas condições que subordinamos à assembléia geral um Conselho de Síndicos, de modo a que o perpétuo gládio não esteja no poder de uma pessoa natural, mas de uma pessoa civil, cujos membros são demasiado numerosos para que possam dividir o Estado (§§ 1 e 2 do capítulo VIII) ou combinar um crime; ao que acresce que, se lhes é proibido ocupar os outros cargos do Estado, não pagam soldo à força armada e, enfim, são de uma idade em que se prefere um estado de coisas existente a novidades perigosas. Não ameaçam, portanto, o Estado com qualquer perigo, não podem ser e não serão, efetivamente, temíveis senão para os maus, e não para os bons. Sem força para cometer crimes, terão suficiente poder para refrear as tentativas criminosas. Além de que, com efeito, podem opor-se ao mal na sua origem (porque o seu Conselho é perpétuo), são bastante numerosos para não temer inspirar ódio a um ou dois poderosos, ao acusá-los e condená-los; dado, sobretudo, que exprimem a sua opinião por esferas e que a sentença é pronunciada em nome de todo o Conselho.

§ 3 — Também os tribunos do povo eram perpétuos em Roma, mas incapazes de triunfar do poderio de um Cipião; deviam, além disso, submeter ao próprio Senado as medidas que julgavam salutares e freqüentemente eram enganadas por ele, combinando o Senado a maneira de o favor da plebe ir para aquele que os senadores menos temiam. Acresce que toda a força dos tribunais contra os patrícios se fundamentava no favor do povo e que, quando apelavam para a plebe, pareciam mais suscitar uma sedição do que convocar uma assembléia. Num Estado como o que descrevemos nos dois capítulos precedentes, não se produzirá semelhante inconveniente.

§ 4 — Todavia, esta autoridade dos síndicos poderá fazer somente com que a forma do Estado se mantenha, impedir que as leis sejam violadas e que, seja quem for, tire proveito de uma ação criminosa. Não poderá impedir que se infiltrem vícios como aqueles em que caem os homens que gozam de grandes ócios, vícios que freqüentemente causam a ruína do Estado. Os homens, uma vez libertados do medo pela paz, tornam-se, pouco a pouco, os selvagens e bárbaros que eram, em vez de seres civilizados e humanos, e daí caem na moleza e na preguiça; já não procuram sobrepor-se uns aos outros pela virtude, mas pelo fausto e pelo luxo; desgostam-se dos costumes da pátria e adotam os estrangeiros, isto é, começam a ser escravos.

§ 5 — Para evitar este mal, tentou-se freqüentemente editar leis contra a suntuosidade, mas em vão. Pois todas as regras que podem ser violadas, sem que outras sejam lesadas, são irrisórias. Se tais regras moderam os desejos e os apetites, pelo contrário, dão-lhes mais intensidade, pois nós temos uma inclinação para o que é proibido e desejamos o que nos é recusado. Os homens ociosos têm sempre bastantes recursos de espírito para iludir as regras estabelecidas sobre objetos, cuja interdição absoluta não é possível, tais como festins, jogos, adornos e outras coisas do mesmo gênero, das quais só o abuso é mau e cujo desfrute só a fortuna permite, de modo que não pode fazer-se lei em semelhante matéria.

§ 6 — A minha conclusão é, portanto, que estes vícios inerentes ao estado de paz de que falamos aqui não devem ser combatidos direta, mas indiretamente, estabelecendo princípios fundamentais de tal ordem que o maior número se esforce, não por viver sabiamente (isso é impossível), mas se deixe dirigir pelas paixões de que o Estado tira mais benefício. É preciso, sobretudo, procurar que os ricos sejam, senão econômicos, pelo menos desejosos de aumentar a sua riqueza. Pois não há dúvida de que se esta avidez, que é uma paixão universal e constante, é alimentada pelo desejo da glória, a maioria aplicar-se-á a aumentar, sem usar meios desonrosos, os haveres, pelos quais podem pretender a consideração e evitar a vergonha.

§ 7 — Se considerarmos os princípios fundamentais dos dois Estados aristocráticos, descritos nos dois capítulos precedentes, veremos que isto mesmo é uma sua conseqüência. O número dos governantes num e noutro é suficientemente grande para que a maioria dos ricos tenha acesso ao governo e aos altos cargos do Estado. Se, além disso, se decidir (como dissemos no § 47 do capítulo VIII) que os patrícios insolventes serão considerados eliminados da sua condição e que os que tiverem perdido os seus bens em conseqüência de uma infelicidade serão restabelecidos na situação, não há dúvida de que todos, tanto quanto puderem, tratarão de conservar os seus haveres. Não quererão viver à maneira dos estrangeiros e não menosprezarão os costumes da pátria, se for estabelecido que os patrícios se distinguem por um vestuário particular; ver sobre este ponto os §§ 25 e 40 do capítulo VIII. Pode-se, em qualquer Estado, encontrar outras disposições de acordo com a natureza dos lugares e o caráter da nação e, em tal matéria, é preciso cuidar, acima de tudo, de que os súditos obedeçam a isto, mais por vontade própria que por efeito de uma imposição legal.

§ 8 — Num Estado que visa unicamente conduzir os homens pelo temor, é mais a ausência de vício do que a virtude que reina. Mas é preciso levar os homens de tal maneira que não creiam ser levados, mas para viver segundo o seu livre decreto e conforme o seu próprio feitio; é preciso, portanto, dominá-los unicamente pelo amor da liberdade, o desejo de aumentar a sua fortuna e a esperança de se elevarem às honrarias. Aliás, as estátuas, os cortejos triunfais e outras incitações à virtude são mais sinais de servidão do que de liberdade. É aos escravos, não aos homens livres, que se dá recompensa pela sua boa conduta. Reconheço que os homens são muito sensíveis a estes estímulos, mas se, originariamente, se concedem recompensas honoríficas aos grandes homens, mais tarde, crescendo a inveja, é aos preguiçosos e aos que enche o orgulho da sua riqueza, com grande indignação de todos os bons cidadãos. Além disso, aqueles que exibem as estátuas e os triunfos de seus pais crêem-se injuriados se não os colocam acima dos outros. Enfim, para não falar do resto, é evidente que a igualdade, cuja perda provoca necessariamente a ruína da liberdade comum, não pode ser mantida desde que sejam concedidas por uma lei do Estado honras extraordinárias a um homem que se distingue pelo seu mérito.

§ 9 — Posto isto, vejamos agora se Estados do gênero descrito podem, por qualquer causa interna, ser destruídos. Se, todavia, um Estado pode perpetuar-se, será necessariamente aquele cujas leis, uma vez bem estabelecidas, permanecem invioladas. Pois as leis são a alma do Estado. Tanto tempo quanto durarem, subsistirá igualmente o Estado. Mas as leis não podem permanecer invioladas se não estão sob a proteção da razão e das paixões comuns aos homens; de outro modo, quero dizer, se não tiverem senão o apoio da razão, são pouco válidas e facilmente elimináveis.

Portanto, visto que demonstramos que as leis fundamentais destas duas espécies de Estado aristocrático concordam com as tendências dos homens, podemos afirmar que, se há Estados capazes de subsistir sempre, são estes, e que, se podem ser destruídos, não é por uma causa relacionada com um defeito próprio, mas por um destino inelutável.

§ 10 — Pode-se objetar que, apesar de estarem sob a proteção da razão e das tendências comuns, estas leis do Estado, precedentemente expostas, não são todavia tão sólidas que ninguém possa destruí-las. Pois não há tendência que não possa ser vencida por uma tendência contrária; o medo da morte é, com freqüência, visivelmente vencido pela ambição dos bens alheios. Aos que estão aterrados com o inimigo, nenhum outro medo consegue detê-los: lançam-se à água, precipitam-se no fogo para escapar ao ferro do inimigo. Por bem ordenada que esteja a Civitas, por excelentes que sejam as suas instituições, nos momentos de infelicidade, quando todos, como acontece, são tomados de terror pânico, todos se entregam ao único partido que o medo impõe, sem se preocuparem com o futuro, nem com as leis, todos os rostos se voltam para o homem que as vitórias puseram em foco. Colocam-no acima das leis, prolongam o seu poder (o pior dos exemplos), confiam-lhe toda a coisa pública. Foi isso que causou a perda do Estado romano. Para responder a esta objeção digo, em primeiro lugar, que numa República bem constituída semelhante terror nunca surge, senão por uma justa causa; que semelhante terror, semelhante perturbação, não podem ser devidos senão a uma causa contra a qual toda a prudência humana é impotente. Em segundo lugar, é preciso observar que, numa República como a que descrevemos, não pode acontecer (§§ 9 e 23 do capítulo VIII) que um só homem, ou dois, tenham um renome tão brilhante que todos se voltem para eles. Terão, necessariamente, vários êmulos que possuam um certo número de partidários. Portanto, ainda que o terror gere qualquer perturbação na República, ninguém poderá, desprezando as leis e contrariamente ao direito, chamar um salvador para o comando das tropas sem que, imediatamente, haja competição entre o que tiver sido proposto e outros que os seus partidários reclamarão. Para resolver o caso será, necessariamente, preciso retornar às leis estabelecidas, aceitas por todos, e ordenar os negócios do Estado como elas prescrevem. Posso, portanto, afirmar sem reserva que o Estado em que uma única cidade tem o poder e ainda mais um Estado em que várias cidades o partilham, durará sempre, isto é, não se dissolverá nem se transformará por qualquer causa interior.

CAPÍTULO XI

§ 1 — Passo agora ao terceiro Estado, que é inteiramente absoluto e a que chamamos democrático. A diferença entre este Estado e o aristocrático consiste, principalmente, já o dissemos, em que, neste último, depende unicamente da vontade e da livre escolha da assembléia suprema que este ou aquele se torne patrício; ninguém tem, portanto, hereditariamente, o direito de sufrágio e o de aceder às funções públicas. Ninguém pode reivindicar os seus direitos, como é o caso numa democracia. Todos aqueles, com efeito, que nasceram de pais no gozo dos seus direitos cívicos, ou no território nacional, ou que souberam merecer a República, ou que, por outras causas ainda, possuem legalmente o direito de cidadania, todos, repito, têm direito de sufrágio e acesso às funções públicas; podem reclamar os seus direitos e não se lhos pode negar senão por se terem tornado culpados de um crime, ou marcados de infâmia.

§ 2 — Se, portanto, só os homens de uma certa idade, ou os mais velhos de uma família, que tenham atingido a idade legal, ou os que pagam uma certa contribuição ao Estado, têm o direito de sufrágio na assembléia suprema e o de tratar dos negócios públicos, então, mesmo que acontecesse que a assembléia suprema, em virtude destas disposições, compreendesse menos membros que a do Estado aristocrático, atrás descrito, o Estado nem por isso deveria deixar de ser chamado democrático pois que, os homens chamados para o governo, não seriam escolhidos pela assembléia suprema como sendo os melhores, mas veriam o seu poder decorrer desta lei. E ainda que, desta maneira, um Estado em que não são os melhores, mas os que por feliz fortuna são ricos, ou mais bem-nascidos, que são chamados a governar, pareça inferior a um Estado aristocrático, se considerarmos bem as coisas, de fato, tudo vem a dar no mesmo. Para os patrícios, com efeito, os melhores são sempre os ricos, ou parentes, ou os amigos. Certamente que, se as coisas fossem tais que, na escolha dos seus colegas, os patrícios estivessem isentos de qualquer parcialidade entre si e fossem unicamente dirigidos pela preocupação do bem-estar público, nenhum regime seria comparável ao aristocrático. Mas, a experiência ensina-o bastante, até mesmo demais, que a realidade é completamente outra, sobretudo nas oligarquias em que a vontade dos patrícios mais se liberta da lei por causa da falta de competidores. Aí, com efeito, os patrícios afastam cuidadosamente da assembléia os mais merecedores e procuram a associação daqueles que estão na sua dependência, de maneira que, em semelhante Estado, as coisas vão pior porque a escolha dos patrícios depende da vontade arbitrária absoluta de alguns, liberta de qualquer lei.

§ 3 — Pelo que precede, é manifesto que podemos conceber diversos gêneros de democracia; o meu desígnio não é falar de todos, mas de me cingir ao regime em que todos os que são governados unicamente pelas leis do país não estão de forma alguma sob a dominação de um outro, e vivem honrosamente, possuem o direito de sufrágio na assembléia suprema e têm acesso aos cargos públicos. Digo expressamente que são regidos unicamente pelas leis do país para excluir os estrangeiros, súditos de um outro Estado. Acrescentei a estas palavras que não estão sob a dominação de um outro, para excluir as mulheres e os servidores, que estão sob a autoridade dos maridos e dos senhores, as crianças e os pupilos, que estão sob a autoridade dos pais e dos tutores. Disse, enfim, que têm uma vida honrosa, para excluir os marcados pela infâmia por causa de um crime, ou de um gênero de vida desonroso.

§ 4 — Perguntarão, talvez, se as mulheres estão por natureza, ou por instituição, sob a autoridade dos homens? Se é por instituição, nenhuma razão nos obrigaria a excluir as mulheres do governo. Se, todavia, apelamos para a experiência, veremos que isto provém da sua fraqueza. Em nenhuma parte da terra homens e mulheres reinaram conjuntamente, mas em toda a parte, onde se encontram homens e mulheres, vemos que os homens reinam e que as mulheres são governadas, e que, desta maneira, os dois sexos vivem em boa harmonia; pelo contrário, as amazonas que, segundo uma tradição, outrora reinaram, não admitiam que os homens permanecessem em seu território, não alimentavam senão os indivíduos do sexo feminino e matavam os do sexo masculino que tinham gerado. Se as mulheres fossem, por natureza, iguais aos homens, se tivessem no mesmo grau a força de alma e as qualidades de espírito que são, na espécie humana, os elementos do poder e, conseqüentemente, do direito, certamente, entre tantas nações diferentes, não poderia deixar de se encontrar umas em que os dois sexos reinassem igualmente, e outras em que os homens seriam governados pelas mulheres e receberiam uma educação própria para restringir as suas qualidades de espírito. Mas isto nunca se viu em parte alguma e pode-se afirmar, por conseqüência, que a mulher não é, por natureza, igual ao homem e também que é impossível que os dois sexos reinem igualmente e, ainda menos, que os homens sejam regidos pelas mulheres. Se, além disso, considerarmos as paixões humanas, se reconhecermos que quase sempre o amor dos homens pelas mulheres não tem outra origem senão o desejo sensual, de tal modo que não apreciam nelas as qualidades de espírito e prudência, mas as da beleza que têm, que não admitem que as mulheres amadas tenham preferência por outros que não eles, ver-se-á, sem esforço, que não se poderia instituir o reinado igual dos homens e das mulheres sem grande prejuízo para a paz. Mas, é bastante sobre este ponto.

(Inacabado.)